未读 | 思想家

UNREAD

历史的基因

英国

国王、女王与
大不列颠之魂

Britain

[日] 池上俊一 ／ 著　　吴昊阳 ／ 译

SPM
南方出版传媒
广东人民出版社

图书在版编目（CIP）数据

英国 /（日）池上俊一著；吴昊阳译．-- 广州：广东人民出版社，2021.8

（历史的基因）

ISBN 978-7-218-15142-7

Ⅰ．①英… Ⅱ．①池… ②吴… Ⅲ．①英国－历史 Ⅳ．① K561

中国版本图书馆 CIP 数据核字（2021）第 139162 号

著作权合同登记号 图字：19-2021-125 号

LISHI DE JIYIN: YINGGUO

历史的基因：英国

［日］池上俊一 著；吴昊阳 译

出 版 人：肖风华

责任编辑：李丹红 张崇静
装帧设计：陈 木
美术编辑：梁全新
特约编辑：夏 琳 节晓宇

出 版：广东人民出版社
地 址：广州市新港西路 204 号 2 号楼（邮政编码：510300）
电 话：(020) 85716809（总编室）
传 真：(020) 85716872
网 址：http: //www.gdpph.com
发 行：未读（天津）文化传媒有限公司
印 刷：大厂回族自治县德诚印务有限公司
开 本：880 毫米 × 1230 毫米 1/32
印 张：8 字 数：144 千
版 次：2021 年 8 月第 1 版
印 次：2021 年 8 月第 1 次印刷
定 价：68.00 元

关注未读好书

未读 CLUB
会员服务平台

本书若有质量问题，请与本公司图书销售中心联系调换
电话：(010) 52435752

目　录

前　言

大家关注过英国王室吗？当电视上出现威廉王子、凯特王妃及可爱的小王子乔治、小公主夏洛特一家四口时，很多人都移不开眼睛吧。

事实上，电视、杂志等大众媒体很喜欢用英国王室来做题材，而观众们也对英国王室的八卦喜闻乐见。英国本土自不待言，就连原大英帝国和现英联邦成员国的人都非常关注王室动向。

英国王室是特别的，竟然能够吸引像日本等不管从地理还是历史都无甚交集的国家的强烈关注。即便放眼世界，能做到这个地步的也只有英国王室了。有人说，英国王室成员品位优雅、性格幽默又不失可爱，受人喜爱理所当然。但即便如此，他们有些地方也让人难以理解。

全世界最敬爱、最关心英国王室的就是英国人，而最爱英国人的，自然是英国王子、英国王妃及位居其上的英国国王了。2012 年 6 月 3 日，伦敦的泰晤士河举行巡游。这是女王伊丽莎白二世登基六十周年庆典的一个环节——足足安排了 670 艘船只。可惜天公不作美，巡游时下起了倾盆大雨，然而数十万人撑着伞、冒着雨，跟着船一起沿河前进，大雨都浇不灭他们的热情。这种情形在长寿的伊丽莎白女王身上已经发生过多次了。

最近，大约有五分之一的人反对君主制，想在英国实行共和制，可是绝大部分英国人依然希望保留君主制。这一制度深得人心，想必女王做了不少努力，让那些敌视君主制的小报媒体消失无踪。这样看来，女王的权力似乎不输首相和政府。但其实英王的人气并非数十年如一日，雷打不动。伊丽莎白女王也曾经面临过好几次下台危机。其中最大的一次，要数 1997 年的戴安娜王妃去世。深受爱戴的戴安娜王妃因交通事故不幸身亡，女王和王室却冷处理此事，引起了民愤。

好在女王反应迅速，公开承认错误，盛赞戴安娜王妃的平易近人及她对两位王子的无私奉献，还说任何人（不管有没有亲眼见过王妃）都不会忘记她。这番讲话成功平息了民众的怒火，此后王室又做了一系列努力，结果不仅是伊丽莎白女王，就连被骂得狗血淋头的查尔斯王储的名声也逐渐恢复，而英国王室也博得了个“接地气的王室”的名声。

20世纪之后，欧洲各国陆续废除君主制，即使保留，君主也只是个虚位。然而，英国王室至今依然有着很大存在感，人气也不低，这是为什么呢？问题的答案需要我们倒回去梳理千百年来的历史才能明白——我认为关键之处有二：一是不变的传统；二是恒变的适应力。

日本人对英国王室，乃至英国这个国家，都抱有一种亲近感。原因之一是日本皇室和英国王室长期保持着亲密关系。众所周知，明治以来，特别是1902年日英同盟缔结之后，两国王/皇室联系更为紧密，不仅相互出访、参加庆典活动，日本皇室中还有不少人留学英国。

另一个原因在于，日本和英国都是岛国，却跻身世界发达国家行列。从日本的角度来看，英国在这一点上堪称模范。江户末期、明治初期，日本决心推进近代化进程时，政治体制和教育制度层面的参考蓝本正是英国。

为了在日本引入两院制议会政治、立宪政治等政治体制，明治年间的知识分子考察英国议会，阅读相关书籍，撰写普及读物；在经济和社会基础设施（如铺设轨道交通）等方面，英国也是日本的模范。日本政府希望能够直接获取近代知识和技术，大量招聘外国知识分子，这些知识分子被称为“雇来的外国人（お雇い外国人）”，当中绝大部分是英国人。

日本的进步青年没有只等着欧洲人来日本，而是主动申请出国留学，远赴世界各地学习先进知识，牛津大学、剑桥大学、格拉斯哥大学等英国名校都有日本留学生的身影。简而言之，日本明治维新的富国强兵政策受英国影响很深，在工业、教育、军事等方面都参考了英国。

本书将以和日本关系匪浅的英国为对象，通过讨论英国历朝历代君王的事迹，来探究英国的政治、国制、社会结构、平民生活文化等。

那么，最初的英国王室是什么时候出现的呢？有人可能会想起著名的诺曼征服。1066 年，法国诺曼底公爵纪尧姆渡海征服了英格兰，登基为王，是为威廉一世。不过，现在有观点认为当今英国王室延续的血脉是要比威廉一世还要早几百年的威塞克斯王室。况且，从社会、政治结构的角度考虑，还必须讨论盎格鲁 - 撒克逊时代那些君主的事迹。因此在第一章，我们还将介绍诺曼征服之前的盎格鲁 - 撒克逊时代。

另外要强调的是，“英国”这个词其实很笼统。我们一般所说的“英国”这个国家，正式名称是“大不列颠及北爱尔兰联合王国”，由英格兰、威尔士、苏格兰、北爱尔兰这四个历史、民族均不同的“国家”组成。此外，威尔士、苏格兰和北爱尔兰是分别在不同时期以不同方式并入英格兰的，与英王的关系也各有不同，情况颇为复杂。

本书将重点讲述占全英 84% 人口的英格兰的历史，至于其他三个地区，则着重介绍它们的个别特征，以及它们为了组成联合王国而做出的努力。

在这种复杂的历史背景下，英国唯一看起来发展得比较顺利的是政治制度。在君主立宪制下依然稳定的政治体制是如何产生、如何作为一项制度开展的，我们将从世界史的角度做剖析。

英国是议会制民主主义的起源国，比其他国家都更早地实现政治近代化，然而却保留着乍看起来和民主主义水火不容的君主制。直到今天，英国依然是个尊君的王国。那么，君主是如何插手宪政的呢？解答这个问题也是本书的目标之一。

本书还有一个目标，就是探讨历史上的英国百姓的生活和心理。君主和百姓，乍看起来似乎有天壤之别，实际上差别也大，但我认为讨论英王的历史某种程度上也相当于讨论英国国民的历史。

历史上，英国是贵族阶级社会，即便现在已经实行了民主制，我们依然能够切身感受到身份阶级社会的残留。毋庸置疑，王室从古至今都是贵族阶级的顶点，代表着贵族阶级的利益，更是贵族的行为模范。

有趣的是，当我们深入了解英国的国民性之后，会发现一国之君及其周围的大臣，这些所谓的精英，竟然是贵族阶层中最早显现平民性的一群人，为老百姓作表率的事迹不胜枚举。

国王对坊间的动向和流言相当敏感，尤其是近代以来，大众传媒不断发展，舆论因素甚至能够决定政治走向，所以王室意识到，与其让国王继续高高在上，保持神秘，倒不如告诉社会，其实国王也有家庭，也有酸甜苦辣。作为王室，却要渐趋平民化，象征平民百姓的风俗和习性取向，实在有些讽刺。

综上所述，本书和我此前关于其他欧洲国家的拙作一样，不仅要追溯与英王相关的政治史、制度史，更打算通过英国人的代表——英王，来探讨贯穿于英国历史的英国文化及其国民心性。

第一章　邦国林立

盎格鲁－撒克逊诸王到忏悔者爱德华

公元 400 年前后—1066 年

1016年，克努特（右）和埃德蒙在迪尔赫斯特单挑

罗马人撤退

从现在开始，我们将围绕国王讲述英国史。又出于前述的原因，将从盎格鲁－撒克逊时代讲起。在这个时代，英格兰土地上邦国林立，各自割据一方。在讨论英国的语言、文化、社会、宗教、政治等因素时，封建社会初期是绕不开的。

早在远古时代，不列颠群岛已有人居住。公元前 2200 年前后到前 1900 年，宽口陶器人也来到了不列颠，现在我们看到的巨石阵就是那个时代的遗迹。

到了公元前 7 世纪的青铜时代末期，凯尔特人从欧洲大陆迁移到不列颠群岛。这个时代迁移到英国的古凯尔特人被称为“布立吞人”，这些布立吞人有部落 30 个左右。

进入铁器时代之后，战争频发，人们修筑了大量山丘要塞。要塞内的居民大半是农民，但也有能制作工艺品的熟练工人。

公元前 55、54 年，罗马执政官恺撒率军渡海，打败了不列颠上的凯尔特人，可是因故必须马上回高卢州，于是只向凯尔特人开出收取年贡的条件便撤军了。

公元 43 年，罗马皇帝克劳狄一世再次派兵登陆英格兰东南部。英勇善战的罗马军团打得凯尔特人节节败退，从亨伯河到塞文河口都被纳入了罗马版图。今天伦敦、约克、巴斯、埃克塞特、林肯、莱斯特、格洛斯特、曼彻斯特等城市的基础都是罗马人打下的。罗马人为英格兰修路铺桥、引入法律，可以说英国的不少历史遗产都是罗马人留下的。

公元122—132年，罗马皇帝哈德良下令，在罗马统治地的边境处（今苏格兰与英格兰交界处）修筑长城[1]。公元3世纪中叶之后，罗马国力开始衰退，无力继续统治不列颠岛。公元4世纪后半叶，皮克特人和斯科特人从苏格兰南下，撒克逊人也从欧洲大陆来到不列颠。公元410年，再也无力增派驻军的西罗马帝国皇帝霍诺留，下令不列颠城市自保，标志着罗马对不列颠的统治在实质上的终结。

陷入无政府状态后，布立吞各个部落相互争斗，纷纷向欧洲北方的日耳曼人求援。公元5—6世纪，日耳曼人的分支盎格鲁人、撒克逊人、朱特人等分别从今天的德国境内、丹麦南部出发，来到不列颠。

可内战打完之后，日耳曼人不仅赖着不走，还在当地建立了政权。凯尔特人被赶到了威尔士、苏格兰，在那里建立起自己的王国，不列颠岛进入七国时代（公元7世纪初—9世纪中叶）。七国分别是肯特（朱特人）、埃塞克斯、萨塞克斯、威塞克斯（撒

---

1 即哈德良长城。——编者注

克逊人），及北方的东盎格利亚、麦西亚、诺森布里亚（盎格鲁人）。后来，斯科特人又从爱尔兰来到哈德良长城以北地区，也建立起王国政权。

七国时代

七国中最早建立的是肯特王国，时间约为公元5世纪中叶。肯特王国打败了威塞克斯和埃塞克斯，尤其是在埃塞尔伯特王（公元560/585—616年在位）统治期间，王国的版图大幅扩张。一般认为，肯特王国的兴起得益于其占领了多个罗马时期遗留下来的传统经济要地。后来，埃塞尔伯特王改信基督教，颁布了王国的第一部法典。

一群盎格鲁人抢夺了布立吞人的土地，定居在约克的中心地区，并于公元6世纪中叶建立起德拉王国。至于东英格兰，直到公元6世纪末前都在盎格鲁人和撒克逊人的统治下。东盎格利亚是位于英格兰最东部的王国，在其建国初期扮演着重要角色的国王是雷德沃尔德。公元7世纪初，雷德沃尔德王和德拉王国的叛徒艾德因的联军，与伯尼西亚王国（位于德拉王国北部，统治着今达勒姆郡至福斯河一带）的埃尔斯弗里斯军交战并取胜，艾德因一洗叛徒身份，风风光光地回到德拉王国。后来，艾德因一手促成了伯尼西亚王国与德拉王国的合并，组成了诺森布里亚王国，他本人亦登基为王。

艾德因感激雷德沃尔德的恩情，邀请对方共治诺森布里亚，于是雷德沃尔德顺理成章地当上了盎格鲁－撒克逊人王国的盟主。雷德沃尔德去世后，权杖落到艾德因手上。公元625年，艾德因与肯特王国结盟，取道麦西亚王国，南下打败了威塞克斯，扩充了国内版图，成为威震一方的霸主。

当时，紧邻威尔士的内陆王国麦西亚在国王彭达的统治下韬光养晦，最终一举击败东盎格利亚。公元633年，麦西亚在哈特菲尔德切斯战役中大胜诺森布里亚，艾德因在此役中战死。打败仗的东盎格利亚此后经历了数次分裂危机，不过每次都化险为夷，终于东山再起。奥斯威王（公元642—670年在位）甚至一雪前耻，大败麦西亚国王彭达，成为七国霸主。公元7世纪末—8世纪前半叶，东盎格利亚的国力达到鼎盛。

可风水轮流转，麦西亚王国东山再起了。埃塞尔巴德王（公元716—757年在位）向教会、平民征收重税，增强军力，但后来遇刺身亡，导致国内局势陷入混乱。公元757年，奥发登基为王（公元757—796年在位）。他是麦西亚王国历史上的明君，在位期间率领王国吞并了周边小国，将埃塞克斯纳入版图，然后接连战胜肯特、萨塞克斯、东盎格利亚，领土不断扩张，最终控制了亨伯河以南全境。从奥发开始，国王不再只是军团长，而是渐渐成为实质统治者。公元 796 年，奥发去世，后埃格伯特（公元 802—839 年在位）登基为威塞克斯国王，反过来压倒了麦西亚王国。埃格伯特在位期间，连北方强国诺森布里亚也承认威塞克斯王国的宗主权。

综上，七国时代的霸权不断易主，没有哪一国能够真正地统治整个英格兰。各国的政治制度是君主政体，但政治方针实际上由地方豪族组成的贤人会议决定。贤人会议原则上认可全体自由民都有参议权（实际上只有贵族拥有），有权签署立法、司法、外交文件，可任命主教和郡督，形式上国王有权选任或废除议员。但要注意的是，贤人会议并非英国现代议会的直系祖先。

另外，盎格鲁－撒克逊时代的古英语是现代英语的源头。11 世纪的诺曼征服之后，英语受法语影响很深，但是其语言基础依然是盎格鲁－撒克逊语。公元 8—9 世纪成书的英雄史诗《贝奥武夫》就是用古英语创作的。

丹麦人入侵与阿尔弗雷德大帝

斯堪的纳维亚半岛的丹麦人（维京人）曾屡次入侵英国。第一次发生在公元 789 年，当时只有三艘船登陆多塞特海岸，此后每年都有二三十艘载着士兵的船只来犯；公元 851 年甚至足足有 350 艘满载士兵的船只入侵；公元 865 年，更大的船队再次入侵，首当其冲的麦西亚军大败，诺森布里亚和东盎格利亚军也步其后尘。

丹麦人改变行动方针，从单纯的侵略转为征服，将诺森布里亚、麦西亚的一部分、东盎格利亚收入囊中，又剑指威塞克斯。当时的威塞克斯国王阿尔弗雷德大帝（公元871—899年在位）勇敢迎战。

阿尔弗雷德登基之前，威塞克斯国王由他的三位兄长担任，可惜他们均相继去世。公元871年，年仅22岁的阿尔弗雷德登基为王，见战况不利，遂与丹麦人和谈，答应赔款，以换取丹麦人撤兵。趁着丹麦人蹂躏他国的间隙，阿尔弗雷德抓紧时机重建国家。

公元878年，阿尔弗雷德在爱丁顿战役中打败了丹麦人；公元886年，与丹麦君王戛斯鲁姆签署条约，割让惠特灵大道以北、从伦敦到彻斯特一带的地区给丹麦人，而惠特灵大道以南归自己。割让给丹麦人居住的那片土地即所谓的丹麦法区，以诺森布里亚南部、东盎格利亚、麦西亚东部为中心。公元893年，阿尔弗雷德打败诺森布里亚，成为全英格兰名义上的国王。

我们再来看看阿尔弗雷德的其他功绩：组建舰队，保家卫国，编纂《阿尔弗雷德法典》，努力改革教育制度和教会，还招募了大量国内外优秀学者，创办宫廷学校，将重要的拉丁文著作译成英文，为文化复兴做出了贡献。可以说，他是第一个完善英国法制、行政部门和教会制度的君主，是为英格兰未来统一打下坚实基础的伟人。

公元 899 年，阿尔弗雷德驾崩，其长子爱德华（公元 899—924 年在位）继位。从爱德华之子埃塞尔斯坦（公元 924—939 年在位）夺回丹麦法区，到埃塞尔斯坦的侄子、和平者埃德加（公元 959—975 年在位）登基这段时间，英格兰已经迈向实质性的统一，其标志便是埃塞尔斯坦自称“英格兰国王”。

埃塞尔斯坦在祖父阿尔弗雷德开创的制度基础上更进一步，先是整顿地方统治体制，设十户联保组、百户区等基层单位，后加强了中央对地方的监督，郡督对国王负责，报告郡内行政状况。

克努特的北海帝国

丹麦人的入侵还没结束。埃塞尔雷德二世（公元 978—1016 年在位）屠杀丹麦人的举动惹怒了丹麦人的君主斯韦恩。1013 年，斯韦恩率军南下，战果累累，逼迫“决策无方者”埃塞尔雷德二世答应天价赔款，但次年，斯韦恩便因故突然离世了。

1015 年，斯韦恩之子克努特（丹麦和挪威国王、石勒苏格益和波美拉尼亚的高层领主，还是英格兰国王，1016—1035 年在位）南下，统治了南英格兰，与埃塞尔雷德二世之子埃德蒙相争，各自有其阵营（见本章开篇页绘画）。

不久之后，双方讲和，约定克努特统治北部和中部，埃德蒙统治南部。1016 年，埃德蒙亡故，克努特顺理成章地成为全英格兰的统治者，将英格兰纳入北海帝国的版图中，并推行善政，使英格兰迎来了繁荣。

克努特死后，后嗣们展开了夺位斗争。1042 年，忏悔者爱德华（1042—1066 年在位）继克努特的两个儿子之后，在贤人会议的推举下，登基为英格兰国王，使得英格兰繁荣的商业得以持续下去。忏悔者爱德华的父亲是盎格鲁－撒克逊王室的埃塞尔雷德二世，母亲是统治法国西北部的诺曼底公爵里沙尔一世之女爱玛。一般认为，正因为有这层关系在，他才指定诺曼底公爵威廉（纪尧姆）为继承人。

然而，爱德华死后，威塞克斯伯爵哈罗德在贤人会议的支持下捷足先登，加冕称王，成为“诺曼征服”的导火索。

苏格兰的阿尔巴王国

连阿尔弗雷德大帝也无法染指的苏格兰，在封建社会初期伊始情况如何？

现代苏格兰人的祖先有两支：一支是来自爱尔兰的凯尔特人，在公元 4—5 世纪陆续迁移到苏格兰，目的是寻找白银，并为苏格兰带去了基督教；另一支就是在当时被从苏格兰西海岸赶到东海岸的皮克特人，他们在苏格兰东部建立了著名的阿尔巴王国。

维京诺曼人自然没有放过苏格兰，于公元8世纪90年代初入侵，然后在今苏格兰的土地上封建了一个伯国，尊挪威国王为宗主。公元9世纪后，苏格兰西边的达尔里亚达国王肯尼思一世吞并了东边的阿尔巴王国，实现了苏格兰的政治统一。不仅如此，从公元880年前后直到10世纪末，苏格兰的领土还不断向南扩张。

11世纪前半叶，邓肯一世（1034—1040年在位）继承了布立吞人的思克莱德王国。以其祖父之死为契机，他的继位统合了斯科特、皮克特、盎格鲁诸民族，组建了苏格兰联合王国，领土范围与现代苏格兰基本重合。

1039年，邓肯一世攻打英格兰北部的达勒姆，兵败；翌年，被表弟麦克白派遣的刺客刺杀身亡。不过，在莎士比亚的戏剧《麦克白》中，邓肯是在睡梦中被麦克白亲手用匕首刺死的。

传教士奥古斯丁与凯尔特系修道院的角色

接下来，我们来谈谈基督教及其教会。在英国政治史、国制史上，基督教曾数次扮演决定性的角色，与国王的行事方式也大有联系，而它正是起源于盎格鲁－撒克逊时代。

早在公元2世纪末之前，基督教就已经通过罗马传到了英国，或者说不列颠群岛。最先入教的是凯尔特人（布立吞人）。公元313

年，基督教获得了罗马承认的合法地位，开始在不列颠大地上生根发芽。然而，当时入侵的盎格鲁－撒克逊人信仰的还是其他宗教。

公元6世纪末，不列颠群岛进入七国时代，盎格鲁－撒克逊人改信基督教，这次改宗罗马教廷出力不少。公元597年，教皇格列高利一世派奥古斯丁率领着一班传教士到肯特王国传教布道，成功让埃塞尔伯特王及其臣下改宗。受影响，其外甥东撒克逊人萨伯特王和东盎格利亚的雷德沃尔德王也改宗基督教。公元627年，诺森布里亚国王及其臣下也接受了洗礼。奥古斯丁本人则坐上了坎特伯雷大主教的位子。

接着，教皇霍诺留斯成功让西撒克逊人改宗，在麦西亚大力发展传教事业。公元680年，萨塞克斯也终于改宗，标志着七国在7世纪末全部改信基督教。然而，基督教的传播并非一帆风顺，其他宗教常常卷土重来。

修道院不仅在向王公贵族传教时起作用，在向普通百姓传教时作用也不小。比较著名的修道士，有来自爱尔兰的圣帕特里克、哥伦巴、艾丹等人；而最著名的修道院，当数艾丹在林迪斯法恩岛上修建的那座。七国境内的修道院增加频率各不相同，但可以肯定的是在公元7世纪后半叶到8世纪都在不断增加。

不列颠岛上的基督教分两大流派：一派是适合部落制土壤的爱尔兰系（凯尔特系）基督教；另一派是在罗马法的影响下，形成了严密等级制的罗马系基督教。为了解决两派的差异，公元664年在约克郡的惠特比镇召开了一次宗教会议，会议结果是罗马系胜出。公元8世纪前半叶之前，整个英格兰已经成立了教区组织，修道院也在全国遍地开花。

然而，公元9世纪和公元10世纪末丹麦人的轮番侵入让基督教文化遭到灭顶之灾。有趣的是，1016年，丹麦人的君王克努特登基后改信基督教，反而一口气促进了基督教化的进程。1002—1023年任约克郡大主教的伍尔夫斯坦对克努特的影响很大。1027年，克努特造访罗马，还制定了缴纳给罗马的“彼得便士”——每个土地所有者每年向罗马教廷缴纳1便士的税。

到了忏悔者爱德华时期，教会聚敛了大量财富，取得了蓬勃发展。爱德华建造了威斯敏斯特修道院（图1-1）作为自己的陵墓，后世的英王也有很多长眠于此。同时，威斯敏斯特修道院直到现在还是举行英王加冕登基仪式的场所。

图1-1　位于伦敦的威斯敏斯特修道院

第二章　说法语的英王

威廉一世到失地王约翰

1066—1216 年

失地王约翰签署《大宪章》

诺曼征服

1066 年 1 月，威塞克斯家最后的英格兰国王、忏悔者爱德华驾崩，贤人会议推举与威塞克斯伯爵克努特有姻亲关系的哈罗德为王，在威斯敏斯特修道院为他举行了加冕典礼。

然而，诺曼底公爵威廉不承认哈罗德的继承权，遂率领 750 艘船组成的船队，载着 12000 名士兵，外加多匹军马渡海，在东萨塞克斯的港口城市佩文西登陆。当时的盎格鲁－撒克逊军以步兵居多，武器只有长枪和斧头，连一套像样的铠甲都没有。可诺曼军不仅有骑兵，有成套防具，配备长枪、长剑、锤矛等武器，还有弓弩兵。

同年 10 月，两军在黑斯廷斯开战，哈罗德被射中眼睛，诺曼军取得胜利（图 2-1）。贤人会议虽然心不甘情不愿，但也推举威

图2-1　刺绣画《贝叶挂毯》，哈罗德（中）向威廉称臣

廉为王。登基加冕的威廉是为诺曼王朝的开创者，史称“征服者威廉一世”（1066—1087 年在位）。诺曼人对英格兰的征服就是所谓的“诺曼征服”。

威廉登基后，社会局势并不稳定。他的部下只有数千人，英格兰境内却足足有 200 万臣民，撒克逊人十分憎恶他，骂他是“大陆过来的可恨侵略者”。不仅如此，丹麦王也主张自己有英格兰王位的继承权。趁着北英格兰、肯特、麦西亚、诺森布里亚、东盎格利亚等地诸侯纷纷起兵造反之机，丹麦王和苏格兰王也在谋划派遣远征军。

但威廉的优势在于，罗马教皇、约克郡大主教、伍斯特主教、伦敦主教及其他修道院院长等一众教会高层，都站在他这边。1070 年前后，威廉与丹麦国王斯韦恩二世签署停战条约，又严厉镇压造反的撒克逊人，将他们的领地全部没收，最终把英格兰局势稳定了下来。

但紧接着，后院又起火了：法国国王腓力一世连同弗兰德伯爵、安茹伯爵拉拢苏格兰一起对付威廉（他还是诺曼底公爵），逼得威廉几无退路。更糟糕的是，1078 年，威廉的长子罗贝尔为了抢夺诺曼底和曼恩地区，造了父亲的反。虽然罗贝尔在母亲玛蒂尔达王后的努力下，消停了一段时间，但 1083 年玛蒂尔达去世后，他故技重演。

1087年，法国国王腓力一世入侵诺曼底东部，威廉在此役中负伤，不久便殁于鲁昂近郊。临死前，他原谅了长子罗贝尔，让他继承诺曼底，又将英格兰的王位交给了三子威廉，而幺子亨利只得到了五千镑现金（次子里沙尔在一次狩猎中不幸身故）。

威廉的功绩在于颁布《末日审判书》，建立起封建集权制。从宪政角度来看，威廉承认了源自盎格鲁－撒克逊时代的贤人会议——会员主要来自直属受封者组成的"评议会"——开启了用选举方式产生国王的传统。不过，他也遵守"忏悔者爱德华之法"，另外要求臣民对己尽忠。理所当然地，执法权被国王及相关宫廷官员（所谓的"王廷"）垄断了。

另一个不能忘的是，诺曼王朝时期的英国在欧洲大陆（法国）也是有领土的——一个横跨英吉利海峡的王国。诺曼王朝的英国国王们在法国自留地的基础上，还打算向布列塔尼、阿基坦等法国西部地区扩张。

自诺曼征服起，至1362年止，法语都是英国的官方语言，在政界和上流社会通用。英语（盎格鲁－撒克逊语和挪威语的混合）则作为平民语言被保留下来，并糅合法语和拉丁语，慢慢演变成现代英语。

封建集权制度的渗透

那么，渗透于英国的封建集权制度是如何建立起来的呢？

如前所述，诺曼王朝的开创者——征服者威廉的地位并非稳如泰山，即位之初就面临着各地诸侯的叛乱，为了坐稳王位心劳形役。除了镇压内乱之外，他还要应付法国国王及盘踞在欧洲大陆的诸侯对诺曼底的染指，更要建立一套制度来稳定被征服国社会。于是威廉建立起以王廷为核心的统治机构，把欧洲大陆的那一套封建集权制搬到了英国。

威廉没收了打败仗的撒克逊贵族的土地，在确保王室直辖地（约占整体的1/5）的基础上，将边境的广袤土地赐予亲族、心腹大臣等共计10名大贵族，令他们筑城，以防备外部叛乱。剩下的土地则分给180名诺曼贵族。作为获赐土地的条件，贵族有参军或者征发民众服国王骑士役的义务。

这种双向的主从关系就是所谓的封建制，每个家臣的领地里都要划出5海得[1]土地作为骑士采邑，采邑里要出一定的人数服役。服役时间平时为40天，战时为60天，服役的骑士总数高达

1 hide，中世纪初期的土地计量单位，原意指维持一户自由农民家庭的私人耕地及公地使用权的合称。——译者注

500 人。国王靠着封建土地，让贵族们发誓效忠自己[1]，保护国家。

法国和德国正为封建诸侯过分强大而头疼不已，在这两个国家，英国这种一口气实现中央集权的成功经验是无法复制的。英王在分封土地时，特地将贵族们的领地分散开来，让他们无法合兵一处造反。

国王授权予领主，允许他们在领地内行使司法、行政、军事等权力。一旦领主之间发生矛盾，则交由上级法院——郡法院或者王室法院来裁决。这一措施保证了国王的地位不动摇。

《末日审判书》

1085 年圣诞节，征服者威廉在格洛斯特召开会议，决定调查整个英格兰境内的贵族领地的经济及社会状况。于是，中央派出调查委员赶赴各地，实施全国性的检地工作，以便掌握封建集权制社会的经济基础——散落各地的封建诸侯、家臣的资产实况，制定税收政策。调查所得的数据汇总成册，便是著名的《末日审判书》。

《末日审判书》记载的领地、房屋数量高达 5000 多处，更让人吃惊的是，不仅建筑物、水路、家畜的数量，连封臣的家族成

1　即所谓的直属封臣，当中的强大者称男爵。——译者注

员组成都有记载。即使放到整个欧洲范围来看，《末日审判书》都是首创（图2-2）。

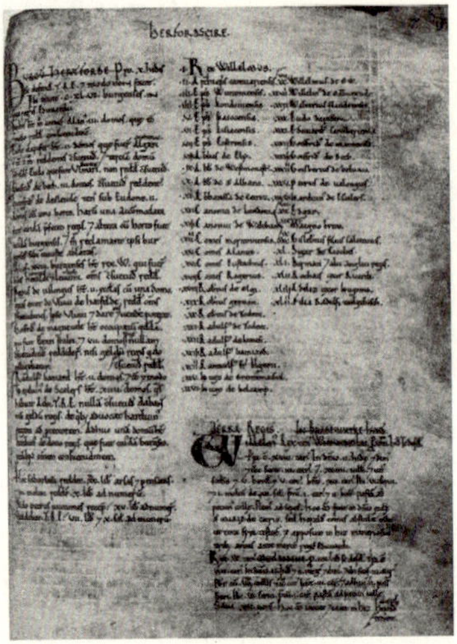

图2-2 《末日审判书》的一页

从诺曼王朝到随后的金雀花王朝，国王们通过裁判权，控制了地方贵族，得到了接近专制水平的权力。国王能够拔擢亲信，提高自身权威，不采纳诸侯的进谏，干预地方法院的审判结果；巡回法官还能够随意地对郡督任命或免职……这些做法削弱了诸侯、贵族的实力。

威廉一世驾崩后，其子威廉二世（因脸颊发红或留着红色胡须，故有“红脸威廉”之称，1087—1100年在位）打败了身为诺曼底公爵的兄长罗贝尔，成功登基。在当时的编年史记载中，威廉二世被描写成一个无信仰、野蛮、不得民心的人。

1088年，男爵们造反，欲拥立罗贝尔，但以失败告终。后来，威廉二世在一次狩猎中身故，其四弟亨利一世（1100—1135年在位）继位。

亨利一世的治绩

亨利一世励精图治，采纳大主教兰弗朗克之谏，废除了兄长遗留下的恶政，重新确立忏悔者爱德华和征服者威廉所定的法律权威，同时赋予盎格鲁-撒克逊人平等地位，迎娶有着盎格鲁-撒克逊王室血统的苏格兰国王马尔科姆之女玛蒂尔达公主为后。他任人唯贤，不看出身背景，选拔了索尔兹伯里主教罗杰担任中书法庭长，地位相当于宰相。在罗杰的辅助下，亨利一世在英格兰成功确立了威廉一世引入的封建制度和中央集权体制。

在行政领域，亨利一世同样功勋卓著，不但赋予各郡督征税权和审判权，打下了地方民事审判的基础，还规定每年的复活节和圣米迦勒节，郡督要到王宫内做施政报告。

此外，亨利一世还主张国王可自行任命国内的主教，因此与罗马教皇发生了争执，这就是所谓的主教叙任权之争。双方相持不下，最后各退一步，达成了“教皇拥有主教任命权，但是主教向其直接的君主尽忠”的折中协议。也许我们可以视之为实施宗教改革的先声——后来到16世纪，英王正式与罗马教皇分道扬镳。

可即便英明如此，亨利一世也免不了萧墙之祸。从诺曼王朝起，一直到约500年后的都铎王朝末期，王位之争都从未停息。先是长兄罗贝尔自十字军中归来，发现弟弟亨利竟然偷偷登基，大怒。1101年7月，罗贝尔率兵登陆朴茨茅斯，后在坦什布赖战役中战败被俘，被囚禁于威尔士的卡迪夫城堡至死。

斯蒂芬VS玛蒂尔达

可惜，亨利一世的继承人是个昏君。膝下无儿的亨利濒死之际向男爵们道："你们把我女儿玛蒂尔达（嫁给了神圣罗马帝国皇帝海因里希五世）接回来继承王位吧。"可是男爵们不希望女性登基，改而支持威廉一世的外孙、亨利的外甥斯蒂芬（1135—1154年在位）。

布洛涅伯爵斯蒂芬从法国渡海来到英格兰之后，在豪强们的支持下于1135年加冕，也因此与玛蒂尔达之间爆发了内战，一直打到1154年为止，差不多20年。战火以斯蒂芬指定玛蒂尔达的儿子亨利为继承人而平息，这位小亨利就是亨利二世。

至此，英国人给我们留下的印象跟现代的"爱好园艺的英国绅士"形象恰恰相反，是个战斗民族的形象。在以国王为首的贵族群体身上，这种形象体现得尤为显著，而且早在中世纪就已经分外鲜明了。

造成中世纪英国人成为战斗民族的原因有很多。例如：从七国时代起，每一任英王都面临着内忧外患，深感"王位是打下来的"；国王与对立者的背后还有着人数可达几倍的双方阵营的争端；英国国王与法国国王、神圣罗马帝国皇帝不同，超越性的权威色彩不浓，更多的是世俗性色彩等等。

何为“安茹帝国”

从亨利二世（1154—1189年在位）按照斯蒂芬与玛蒂尔达的约定登基为王开始算，到1399年理查二世被废黜为止，这一段时期史称金雀花王朝，其名源于亨利之父、安茹伯爵若弗鲁瓦四世用金雀花图案作为纹章。

亨利从父亲处继承了安茹伯国和邻近的曼恩，从母亲处继承了英格兰和诺曼底，一跃成为横跨英法两国的大领主。成婚后，其领地进一步扩大。1152年，他迎娶了阿基坦的埃莉诺——此人原是法国国王路易七世的王后，二人曾在巴黎与波尔多交界的街道上有过邂逅，嫁给亨利时她才刚离婚不久。

迎娶了本身就是大领主的女公爵后，普瓦图、吉耶纳、加斯科涅三区组成的阿基坦地区均被亨利收入囊中，再加上原本在欧洲大陆的领土，几乎整个西法兰西都成了英格兰国王的直辖地。这片横跨海峡的英法大领地，学界习惯称之为“安茹帝国”。

亨利二世治下的统治机构

亨利二世虽然脾气暴躁，其实是个很有学识的明君。他不拘一格任命人才辅助自己整顿法制、财政，在他治下，英国的统治机构逐渐形成体系。尤其令人瞩目的是，由国王直接授封的地方领主及宗教高层人员组成的大评议会拥有了立法权，成为近代议会上院的起源。此外，审判制度转为以国王为核心，王宫成为审理贵族间纷争和土地相关纠纷的地方。如此一来，地方领主的审判权便被削弱，国王的巡回法庭的权威上升。再者，陪审制也是在亨利二世时期兴起的，陪审员的证言有法律效力。

这一系列法制改革统一了各地之间形形色色的习惯法，首开判例法先河，构建起全国通用的普通法系——所谓普通法，并非明文法律，而是习惯法和判例集。

另外，这个时代的宗教裁判所经常越位侵犯世俗法院的管辖范围。1164 年，亨利二世为了重新划分上帝和恺撒的归属，在克拉伦登召见了心腹贵族以及坎特伯雷大主教托马斯·贝克特（兼任中书法庭长）等主教、大主教，迫使贝克特签署承认《克拉伦登法典》。

《克拉伦登法典》规定国王拥有任命主教的权力，划分了宗教审理和国王审理各自的职责，还规定：神职人员如果犯下世俗重罪，应移交王室法院；被宗教裁判所剥夺圣职的神职人员应交由王室法院处理；神职人员不得向罗马教皇上诉等等。

法典颁布之后，贝克特和亨利二世一度反目，在法国国王的调解下才握手言和。可是后来贝克特在坎特伯雷大教堂祈祷时被四名骑士刺杀身亡，舆论又把矛头指向亨利二世。无奈之下，亨利二世赤脚走在坎特伯雷大街上，接受修道士们的鞭打，以示洗心革面。

不久，教皇亚历山大三世为贝克特封圣，坎特伯雷成了英格兰境内数一数二的巡礼圣地。此后，英国国王与罗马天主教廷之间一直交恶，最终在亨利八世宗教改革后完全分道扬镳。不过，这并不是因为英国国王的信仰比欧洲其他国家的国王或皇帝更不虔诚，只是因为英国比起其他国家，更早地对罗马教皇的权威表示出不满，早一步脱离了它的统治罢了。

征服爱尔兰和威尔士

如前所述，亨利二世开创的金雀花王朝不仅在不列颠岛拥有广袤的领土，在法国境内也一样。但是放眼整个不列颠群岛，依然有一些与英格兰接壤的土地未被纳入版图，那就是威尔士、苏格兰和爱尔兰三地。

对苏格兰真正的征服和吞并要等到18世纪，在此之前都是小打小闹、相持不下。但爱尔兰和威尔士早在亨利二世时期，就已经是英格兰认真征服的对象了。

1171—1172年，亨利二世首次出征爱尔兰。自古以来，爱尔兰就是凯尔特人生活的地方，而且和英格兰不同，从没被罗马侵略过。公元5世纪中叶，基督教传入爱尔兰，并发展出了当地特色的模式。爱尔兰岛从公元8—10世纪一直遭受诺曼人的入侵、掠夺和残暴统治，不过当中也有一些爱好和平的诺曼人群体会与当地凯尔特女性成婚。

12世纪后半叶，伦斯特地区的国王麦克默罗（位居一百多个地方小王国之上的大王）苦于部落争斗不断，向亨利二世求援。这下可挑动了亨利二世征服爱尔兰的神经，盎格鲁－诺曼系贵族们乘机远征爱尔兰，攻城略地。英格兰和爱尔兰自此展开了持续八百年的斗争。

从1157年起的八年中，亨利二世多次远征威尔士，可惜没取得多少成果。1267年，时任英格兰国王为亨利三世，威尔士的大贵族卢埃林称臣，获封公爵，威尔士成为公国。但是在下一任国王爱德华一世时代，威尔士被完全征服（详见下一章）。

不过，虽然英格兰在政治、军事上胜利了，但是要完全掌控一片外族居住的土地，使之从制度上与英格兰同化，并非易事。

“威尔士的杰拉德”游记

在这一系列征服行动中，英格兰人是怎么看待自己与他者的遭遇的呢？接下来我们稍微讨论一下这种心理状态。

有份记录了爱尔兰和威尔士的一手史料流传了下来，这份史料的作者叫“威尔士的杰拉德”，是诺曼系威尔士人。他当上神职人员后，留学巴黎十年，回国后在亨利二世宫内任职，著有《爱尔兰征服记》（1189年）、《爱尔兰地理志》（1187年）、《威尔士周游记》（1191年）、《威尔士概况》（1194年）等。

前两部著作中，《爱尔兰征服记》记载了亨利二世征服爱尔兰的经过，指出这次征服是罗马教皇认可的宗教行动，“也有着纠正爱尔兰那无法无天行径、低级宗教习惯的目的”，美化了自己家族参加征服的行动。另外，杰拉德在1185年跟随已成为“爱尔兰君主”的王子约翰远赴爱尔兰，在当地住了一年，其间他观察了爱尔兰的种种风土人情，将之记录成册，这便是《爱尔兰地理志》。

杰拉德的母亲是南威尔士人，在这层血缘背景下，他在坎特伯雷大主教鲍德温巡游威尔士、劝说人们参加十字军时得以随行。1188年3—4月，他都住在威尔士境内，将其所见所闻记录下来，便是后两部著作。

这几部著作的特征是“以中央（英格兰、朝廷）的目光来看待边境及他者”，是接受过文明熏陶的学者搜集的“未开化之地的风俗和现象”。因此，杰拉德一类的学者被称为“民俗学先驱者”。

《爱尔兰地理志》记载了当地的自然地理和种种神迹，还有大量当地居民风土人情的相关事例。他的描写对当地居民充满偏见，说“他们是一群野蛮人，没有思想，只吃动物，自身也像动物一样活着”，但同时他也夸赞“他们的乐器演奏本领远胜于其他民族，手指的动作行云流水，音乐和谐得没有一丝紊乱”。

《威尔士周游记》和《威尔士概况》二书是杰拉德怀着无限的好奇心观察威尔士的结果，内容包括威尔士各地区居民的历史、自然、地理、风俗、动物、衣着、语言、音乐、巫术、武器等。杰拉德的著作配得上“旺盛的好奇心”的评价，后世英国人喜欢探索外界的特性，在此时已有反映。

中世纪的欧洲人，尤其是12世纪之后的欧洲人，对世界上的异境充满向往。其中，难以到达的“东方”是他们最大的神奇宝库。

然而对英格兰人来说，家门口就有“异境”。后世的海外殖民帝国时期的英国，打着“白人的责任”“打破愚昧”的可笑旗号统治着殖民地，可是偏偏统治手段要比西班牙、葡萄牙、法国、德国更“高明”。究其原因，其实与中世纪的英格兰人早就和身边的“他者”（威尔士、爱尔兰）打过交道有关。

这里我想强调的是，王宫正是造就这种他者意识形态的地方。无论是为官的贵族、骑士，还是抱有处理世俗事物能力（或者世俗野心）的神职人员，都聚集在王宫。至于王宫的后宫，则是一处增添色彩的温柔乡。

同时，王宫也是一大统治机构。管理宫内行政事务的财政署、起草文书的中书省（后来渐渐有了司法权，14 世纪之后改称中书法庭）、寝宫、杂物房、御膳房、太仆寺等原国王私人家政部门渐渐带上公家色彩，转变为国家行政部门。13 世纪之后，出现了设立于王宫外部的部门，这些部门官僚制色彩浓厚，不受国王个人的影响。而加盖印章（玉玺或官印）用以管理各部门文书，则在行政方面有着重要作用。

国王依靠宫内的部门，一边强化国内统治，一边对边境、外部采取军事征服措施。为此，宫内人员首先得有“对外征服”的觉悟和对异境他者的“了解”。

《爱尔兰征服记》和《威尔士概况》的最后，记载了征服、统治的“撒手锏”。最让人印象深刻的是这些“撒手锏”除了军队装备、战场作战，还记载了一系列攻心战术，例如如何从身体和精神两方面消耗、打击当地居民，消磨其士气，如何通过贿赂、收买、开空头支票等手段挑拨离间居民间的关系，等等。可以说，这是近现代英国的帝国主义式征服的原点。

醉心十字军的狮心王理查

把版图扩大了一大圈的亨利二世，妻子埃莉诺晚年时与其不睦，儿子们也起来造反。亨利二世好不容易才处理完这些麻烦事，幺子约翰再次造反。1189 年，亨利怀着悲伤和沉痛逝去。

由于长子和次子早逝，继承权落到了三子理查身上。此前，理查和其他几个兄弟都跟着母亲在法国生活，接到消息后，急忙回英国继位，是为狮心王理查一世（1189—1199 年在位）。理查脾气暴躁，再加上他是个法国人，不会说英语，所以登基还不到一年就去参加十字军了。不过，理查是个军事天才，打仗很厉害（这也是“狮心王”这一外号的由来），和曾经大败十字军、夺回耶路撒冷的穆斯林军事家萨拉丁签订了条约，在军中声望日隆（图 2-3）。

图2-3　第三次十字军东征

狮心王理查（中间右边）和萨拉丁（中间左边）

然而他在回国途中被奥地利公爵巴本堡家族的利奥波德五世擒获，并被送到神圣罗马帝国皇帝海因里希六世处。海因里希六世要求英国缴纳 10 万镑的赎金。面对这笔比国家预算还要高几倍的巨额赎金，理查的母亲东奔西走，好不容易才在 1194 年 2 月 2 日把儿子赎回来。

在沃尔特·司各特的小说《艾凡赫》中，理查被描写成一个民望很高的战士。但事实上，理查忙着守住自己在法国的领土，又要参加十字军打仗，几乎不在英格兰。

国王的缺席反而促进了英国国内制度的成熟。没有了国王的强力干预，地方的乡绅阶层开始了郡内、市内自治，“地方自治”逐渐蔓延、扩大。

英王是法国人

最后，我们来看英法两国的关系。在这个时期，英王绝大部分是法国人。

威廉二世是法国诺曼底公爵，带着一群诺曼贵族来到了英国；亨利一世之父是威廉一世，母亲是弗兰德伯爵博杜安五世的女儿玛蒂尔达，所以他没有盎格鲁 - 撒克逊血统；亨利二世之父是法国人安茹伯爵若弗鲁瓦四世，他自己生于法国、长于法国，认同自己的法国人身份；就连理查一世，其父亲也是兼任英格兰国王的安茹伯爵，母亲则是阿基坦女公爵，故比起英国人，他更多的还是法国人身份。

早期的英国国王都是几乎或者完全不会说英语的法国人，男爵、贵族们也一样。第一个母语是英语的英王，是 1399 年加冕的亨利四世。身为“安茹帝国”君主的英格兰国王，必须巡历法国各地、巩固统治，身在不列颠岛的时间很短。

后来英国人视法国人为仇敌，构筑起“英国人”这一身份认同，国王自然无法逆潮流而动。但是在英格兰王国一开始的诺曼王朝和金雀花王朝早期，法国的确是英国国王的祖国，虽然只不过是因为不列颠岛和欧洲大陆相距不远，不妨碍建立横跨两者的政治体而已，这也可以说是“安茹帝国”建立的条件。

《大宪章》的意义

1199 年，理查去世，王弟约翰（1199—1216 年在位）继位，但因为已经没有土地可供继承，他又被称为“失地王”。这位金雀花幺子在政治、外交上犯下了一连串错误。

首先，他强抢了昂古莱姆伯爵之女伊莎贝拉。伊莎贝拉本已被许配给吕西尼昂家族的于格，被横刀夺爱的于格大怒，向法国国王腓力二世告御状，也点燃了后来与约翰交战的导火索。1202—1204 年，约翰在法国境内的土地被夺去大半，安茹帝国土崩瓦解。

1207 年，国王约翰在坎特伯雷大主教选任问题上与罗马教皇发生分歧，教皇下令停止英国国教的活动，更在两年后开除了约翰的教籍。无奈之下，约翰于1213年向教皇低头。1214年，约翰联合神圣罗马帝国皇帝奥托四世及弗兰德伯爵、布洛涅伯爵等贵族，在法国北部的布汶与法军开战，结果一败涂地。

为了筹措军费，约翰用尽一切手段，包括抢夺臣下的土地、征收免役钱、推行“普天之下莫非王土”的规制等，惹来反感。终于在1215年，内战爆发了。一开始约翰还嘴硬，不肯答应贵族们的要求，直到大势已去，才不得不在6月15日签署了《大宪章》（见本章开篇页）。

高中的世界史课本中一定会出现的《大宪章》，被视为英国国家发展史上的一座里程碑，打下了英国宪政的基础。但其实《大宪章》是国王约翰与男爵们达成妥协的产物，国王、贵族、教会各自的要求全部加起来，才不过六十三条。特别是当时的男爵，根本就没想过立宪政治、议会制民主主义等，他们只是愤怒于无谓的战争、土地和房屋被没收而已。

《大宪章》的第一条明确了教会的各项权利受保障，之后的十五条限制了王权。为防止王权被滥用，《大宪章》要求国王征税必须听取诸侯、骑士、城市代表的意见。接下来的十条与财政问题有关，最后则强调普通法下平民的权利。历史上被谈及最多的正是最后那部分，规定若不经过正当的法律审判和法律程序，任何自由民都不应被逮捕下狱，且王在法下，国王要为其统治方式负责任。为了让国王遵守《大宪章》的规定，25 名男爵组成了评议会，赋予男爵阶级在国王违反规定的情况下起兵造反的权利。

然而，国王约翰签署《大宪章》后还不到三个月就反口，导致内战再次爆发。翌年，约翰因患痢疾身故，亨利三世继位，《大宪章》终于正式颁布，此后还陆续修订了三十多次。

早在统一后两个最早的王朝——诺曼王朝和金雀花王朝初期，英格兰已经打下了持续往后近 1000 年的以国王为中心的政治体制基础。在这个时代，人民一方面希望出现一位雄主，保护自己、领导自己，为国家发展指明方向——因此他们赞成带审判制度的中央集权化，但另一方面，他们又设置相关机构，限制昏君肆意妄为。

虽说是"人民"，但能够面向国王的，最初也只有男爵、贵族等极少数人。后来其涵盖的范围慢慢扩大，从骑士、乡绅，一直到自耕农、城市居民，最终扩大至全国人民。这刚好是英国百姓长期与国王相互制衡、逐渐建立起议会制民主政治和立宪政治的历史进程。在这层意义上，为新兴阶级参与政治开拓道路的《大宪章》的确是领头羊。

农民的日常生活

那么，从盎格鲁－撒克逊时代到金雀花王朝，普通农民过着怎样的生活呢？在盎格鲁－撒克逊时代的王国中，农民们要缴纳高额地租，还要负担领主直辖地的赋役义务。诺曼征服之后，土地急速转变为庄园。骑士阶层可通过纳税来免除兵役，得以腾出时间大力发展农业，庄园屋[1]遍地开花。

庄园农民中的自耕农或佃农可免除赋役。不过佃农并非完全自由，他们是委身于领主、服从领主裁判权的小农，不能向王室法院或郡县地方法院提起诉讼。庄园的农民大部分是非自由的农奴。

大贵族阶级和国王是相互依存的，他们一方面受国王的统治，另一方面又得益于国王制定的政策，能够以地方领主的身份剥削农民，使他们转为农奴，征收婚姻税、死亡税等苛捐杂税，还能以领主裁判权压制他们。

如前所述，英国的大领主都是诺曼军队的将领，他们被派往各地，取代了原来的盎格鲁－撒克逊领主。领主阶级内部自然也呈金字塔式分层，有伯爵、男爵、中层贵族、小贵族等之分。小

1　manor house，庄园主的宅邸，其中的高级宅邸又称为乡村别墅 country house，见第四章“绅士阶层崛起”图 4-4。——译者注

贵族只能有一处庄园；中层贵族有几处庄园，时不时会到庄园视察；至于更上一层的伯爵、男爵、主教、修道院院长等大领主、大贵族，则拥有广阔的领土；伯爵之上还有公爵，公爵的人数很少，地位仅次于国王。公爵本来是英国王室专门为王室成员创设的爵位称号，从15世纪末起，臣民也有机会获赐公爵爵位。

无论如何，领主就是剥削者，他们消费农民的作物，同时强迫他们缴纳年贡，除小麦等谷物和豆类之外，还有牛羊肉、鸡肉、鸡蛋、芝士、黄油、猪油、蜂蜜、鲱鱼等。另外，农民还要缴纳现金地租。

自耕农有自己的一小片土地，但他们还要每周到领主直辖地里劳动。领主直辖地大小不等，除了靠自耕农劳动之外，还有专门的奴隶耕作。领主直辖地农作物产量庞大，拿到市场上交易能换回可观的现金。再者，领主垄断了碾磨面粉和烘烤面包的权利，强迫农民参与其中，从中攫取利润。

《末日审判书》编纂当时，农民内部也有高下之分，从上到下分为自由民、佃农、农奴、农夫、奴隶五级。公元1世纪之后，奴隶阶层消失，其隶属性有所缓和。但不管哪个阶层，许多农民都过着贫困的生活。屋子逼仄，只有一两间房，甚至人畜混住。地板是用脚踏平的泥土，铺上稻草或灯芯草；屋子正中央有个火炉，起到取暖和煮食的作用。自然地，整个屋子被烟熏得漆黑，容易积尘，扫也扫不完。

他们平常吃的是杂粮面包、燕麦片或者粥，喝的是啤酒。蛋白质主要通过豆类摄取，偶尔会在燕麦片里加培根、腌肉，有余力的还会加点鸡蛋、芝士、零星碎肉。至于蔬菜，则在粥、汤里加入圆白菜、生菜、葱、菠菜、荷兰芹、洋葱、大蒜等时令蔬菜。

农民平日的劳动甚苛，但在基督教节日里还是会有娱乐活动，甚至还会开大食会。在节日里，他们尽情放松享受，聊天、歌唱、跳舞、格斗、捉迷藏、打保龄球、下黑白棋、摇骰子，还会举办足球、游泳、射箭、网球等体育比赛。

苏格兰的动向

至此我们主要概述了英格兰的情况，那么苏格兰的情况又是怎样的呢？

宗教层面上，一直以来，教会对国王和地方豪族的依存度较高，罗马教皇的权威影响不到苏格兰。1050 年，苏格兰国王麦克白（1040—1057 年在位）到罗马朝圣，罗马教廷又添一员下属。自此之后，苏格兰境内开始了修道院改革。在亚历山大一世（1107—1124 年在位）和大卫一世（1124—1153 年在位）治下，苏格兰逐渐转向天主教，教区划分渐趋成形，一座座修道院拔地而起。

在这个时代，苏格兰模仿英格兰，引进了国王裁判制、郡县制、大城市自治制等制度。诺曼征服时，苏格兰幸免于难，但在12世纪后，很多诺曼系英国人（以下简称诺曼人）从英格兰迁移到苏格兰，骑士阶级成长壮大，城市繁荣发展。诺曼人领主和苏格兰人领主均向国王宣誓效忠，同时获赐地方行政、司法权，统治着自己的领地。与英格兰不同，苏格兰国王和地方诸侯关系良好。

亚瑟王传说的诞生

在人们的印象中，英国（英格兰）人是实用主义者，不太擅长天马行空的想象；而凯尔特（爱尔兰、威尔士、苏格兰）人则相反，他们对超自然的事物很敏感，觉得妖精、矮人、巨人等事物就在身边。

其实中世纪的英格兰人也和欧洲其他国家的人一样，常常徜徉在幻想世界里，而孕育出这种幻想传奇的其中一个孵化器，就是王公贵族们的府邸。宫廷贵族们搜集了各种民间传说，将它们改编成种种奇幻故事，当中最受英国人喜爱的就是亚瑟王（图 2-4）。

亚瑟王是介于现实和想象之间的人物。他的现实原型是公元6世纪时抗击撒克逊人侵略的某个布立吞君王，不过其事迹已逸，

图2-4　亚瑟王与圆桌骑士

转而变成了脱离现实的（神话性）存在，被视为中世纪骑士道的代表君王。

亚瑟王首次出现于公元9世纪编年史作家尼尼奥斯所作的《布立吞人的历史》（又称《不列颠人编年史》）中，在1100年前后的威尔士圣人传记中也有零星登场，而他真正为人所知，则是在蒙茅斯的杰弗里所作的《不列颠尼亚王朝史》（1136—1138年）中。推测杰弗里应是从凯尔特民间的口头传说中获得的灵感。

亚瑟王是基督教战士，也是布立吞人的王，他带领布立吞人四处征服，与异教徒交战。同时，他也是一位风度翩翩的理想君王，在宫内群臣簇拥，展示正义、威武等美德。

英国的确有着可供亚瑟王建功立业的现实地理条件，故亚瑟王与圆桌骑士的传说不仅在王宫里，在民间也有极高人气。后世的英国国王甚至想方设法要和这个没有一点血缘关系的亚瑟王攀亲戚，说他是自己伟大的祖先。早在金雀花王朝，王室便垄断了亚瑟王传说，用它为自己的政治正当性背书。

例如 1278 年，爱德华一世在格拉斯顿伯里修道院举行了亚瑟王及王后桂妮薇儿的遗体转移仪式（格拉斯顿伯里修道院此前宣布，他们发现了亚瑟王夫妻二人的遗体）；1348 年，爱德华三世设置了新的圆桌骑士团 —— 嘉德骑士团，自称亚瑟王的后裔，欲借亚瑟王的威名获得贵族支持，攻打法国；到了 15 世纪末的都铎王朝，因为这是个篡位王朝，必须有一个巩固正统性的理由，于是亨利七世给自己的长子起名为“亚瑟”，称“都铎家是伟大的亚瑟王的末裔”。

这位亚瑟王子后来娶了当时欧洲大国西班牙王室的公主（阿拉贡国王费尔南多与卡斯蒂利亚女王伊莎贝拉之女），身份地位越发尊贵。可惜的是，他在婚后四个月就去世了。

会神通的国王

和欧洲其他大国的国王或皇帝身上笼罩着一层超自然的神秘色彩不同，英王很难依样画葫芦，于是便反其道而行之，直接跳出超自然的牢笼，将宗教、教会踩在脚下，自己当教会首长。这种彻底的实用主义和世俗性堪称英王的拿手好戏。事实上，16 世纪之后，英国便一直向着世俗国家的道路迈进。

但是在封建社会初期至晚期这段时间，英格兰（和法国）国王曾一度被视为有神通的超人，谣传“国王只要一碰触病人的患处就能治愈他”。当时很多人患上了一种叫老鼠疮（淋巴结核）的皮肤病，脖子等部位上的淋巴结长出结核囊肿，而且这些囊肿还会随时间慢慢变大，据说需要国王亲手触摸患处才能治好，故这个病又名“国王病”。

忏悔者爱德华是第一个给人治病的国王，不过当时给人治病的国王也只有他，从 13 世纪末到中世纪末陆续有记录。这些证据不断累积，英格兰国王摸摸就能治病的特性逐渐为大众所接受。英格兰财政署遗留了大量自爱德华一世以来的公文书，当中有很多可以证明，人们相信，1276—1277 年间，爱德华一世的“王之触摸”治好了足足 627 名患者，据说还给了他们一人一便士。

国王治病很有可能是从爱德华之父 —— 亨利三世时期成为惯例的，而亨利三世又是照着法国路易九世有样学样。

日后的英格兰斯图亚特王朝时期，国王还在筵席上当着神职人员和外科医生们的面，演着一幕幕摸一摸就能治愈肿瘤、溃疡的戏码。1714 年，女王安妮还在众人怀疑的目光下触摸病人，成功治愈了他。

最有名的当数查理二世，他这一生合计触摸了超过 9 万个病人（图 2–5）。有人说他是复辟君主制的坏人，也有人说他人格低劣，但是所有人都相信他通过涂油礼获上帝赐予神通，是个有灵力的国王。

“王之触摸”还衍生出了其他现象。从 14 世纪初爱德华二世时期起，国王在圣周五奉纳金银成为惯例。奉纳的贵金属用以铸造“能治病的戒指”。15 世纪起，人们相信，任意一枚戒指只要拿去给国王搓一搓，就会附上治疗痉挛和癫痫的效能，变成一枚“痉挛戒指”。英格兰今天还保存着 1500 年及其后的一系列关于王之触摸、痉挛戒指的礼书。

图2-5　王之触摸，查理二世在触摸病人的患处

然而，和亚瑟王攀亲戚也好，王之触摸也罢，这些做法到底在多大程度上提高了英王的权威呢？至少在我个人看来没有多少效果，英王还是未能成为像法国国王或者神圣罗马帝国皇帝那种超凡入圣的神秘存在，反而是王室身体力行地致力于慈善事业，如同近现代英国那样的世俗国王才更符合英国百姓的心理。

第三章　法律、议会、君主立宪

亨利三世到亨利七世

1216—1509 年

15 世纪的王室法院

《牛津条例》

国王约翰去世之后，长子亨利三世继位（1216—1272年在位），时年9岁。1227年，亨利开始亲政，然而颁布的政策无一成功，埋下了诸多祸根。先是1230年，亨利为了收复父王失去的法国领土，出兵攻打布列塔尼、普瓦图和加斯科涅，结果没得到什么战果，就在1234年和法国国王路易九世签署了停战协议。1236年，亨利三世看上了普罗旺斯伯爵之女埃莉诺，娶她为妻，但是因为埃莉诺王后带了太多普罗旺斯人来英格兰，贵族们很不满，另外他们对亨利三世征收金钱、实施对外政策的做法也很不赞同。

1251年，亨利把长女玛格丽特嫁给苏格兰国王，苏格兰向英格兰称臣。刚好罗马教皇格列高利九世和神圣罗马帝国皇帝腓特烈二世起了争执，风波席卷了整个欧洲的王公贵族。亨利被教皇说服，加入了阵营，不惜损害男爵阶层的利益也要给教皇筹措出兵西西里的军费。作为回报，他希望教皇能够支持自己的次子当西西里国王，弟弟当神圣罗马帝国皇帝。

在这一背景下，1258年，反抗国王的贵族和神职人员颁布了《牛津条例》。这份条例由亨利三世的妹夫西蒙·德·蒙福尔带头起草，内容主要包括官职规定、地方治理方式改革，及设置一个以大诸侯为中心的十五人会议，统率全国行政机构、辅助国王施政，而为了保证普通诸侯与十五人会议信息畅通，每年应召集三次议会等。以此为滥觞，王权终于承认了“议会”这一联合体的实力。

《牛津条例》用拉丁语、法语和英语写成，是第一份有英文版的公文书，在这一层面，它也有着重要意义。条例颁布后第二年便被《威斯敏斯特条例》取代。新条例采纳了地方陪臣阶层（骑士、中小领主）的意见，重新定义了贵族、大势力者的权责范围，进一步限制王权。然而亨利很快便撕毁了条例，英国重新陷入内战。

因反感国王甘当罗马教皇走狗一而再，再而三地乱作为，神职人员、修道士、大学生、伦敦市民等纷纷投到西蒙·德·蒙福尔麾下。失去民心的国王和太子爱德华（后来的爱德华一世）兵败被俘，手握实权的西蒙·德·蒙福尔重开议会，与会的除了神职人员，每个郡还能派两名骑士、每个自治市镇派两名市民出席。此后一年时间内，西蒙·德·蒙福尔成为英格兰的实质统治者。

1265 年，太子爱德华越狱，笼络了一批警惕着西蒙权力过分集中的诸侯，并在伊夫舍姆战役中打败了西蒙军，西蒙战死。翌年 12 月，亨利三世复辟。

国王复辟，议会的实力却未削弱。在亨利三世死后继位的爱德华一世（1272—1307 年在位）要筹措对外战争（对苏格兰、威尔士、法国）的军费，他为了取得诸侯的支持，常常召集议会，反而使得议会的实力增强了。

英国国民一面支持强大的王权，另一面又不惧起义推翻暴君。他们怀着中央集权和民主主义这一对矛盾，立足于频繁召开的议会，迂回而实在地向君主立宪制迈进。

“威尔士亲王”称号与入侵苏格兰

爱德华在登基前的1270—1271年期间曾参加过十字军，在军中声望颇高，政治手腕也高于其父。登位之初，他便决定要统一整个不列颠岛。他逼迫威尔士大公卢埃林称臣，遭拒绝后悍然于1277年出兵征服，自己当上了威尔士的统治者。

1301年，爱德华在远征中还生了个儿子，并授予他“威尔士亲王”的称号。英国的王子自此（名义上）都是威尔士的君主，直到今天，英国王储依然保留着“威尔士亲王”的称号。

另外，1286年苏格兰国王亚历山大三世驾崩后，王位一直空缺，国内起了夺嫡之争。爱德华趁机假装调停，实际上是想把苏格兰国王变成自己的家臣。1296年，爱德华出兵苏格兰，在邓巴战役中取胜，镇压了反抗的苏格兰人。爱德华任命萨里伯爵约翰·德·瓦伦为苏格兰总督，可是约翰在苏格兰境内肆意妄为还不知收敛，导致苏格兰不断爆发反英格兰起义。

名君罗伯特一世（1306—1329 年在位）登上苏格兰王位后，苏格兰终于揭竿而起。爱德华一世再次御驾亲征，打算镇压起义，却在 1307 年逝于军中。

醉心骑士道的国王

爱德华一世堪称骑士典范，他长得高大威猛，相貌堂堂，而且坚毅勇敢，平时喜欢读一些骑士冒险故事。除了他之外，狮心王理查、理查三世、亨利五世等英国国王也是骑士道的追随者。

这一节我们就来谈谈英王和“骑士道”的关系。骑士道是战士、贵族、基督教合流的产物，其雏形诞生于 11 世纪末、12 世纪初。一开始尊崇的美德是“勇猛”，接着又提出“忠诚”和“宽宏”的重要性，认为骑士对主人要忠贞不贰，对周围的人和部下要常常赠予礼物。

13 世纪初，骑士道逐渐从实战性事物转变为仪式性事物，强调骑士要注意自己的一举一动，不能有失身份，平时的对话、社交都有一套礼仪，还要有照顾女性、为其献身的精神。此外，基督教精神还添油加醋地阐释骑士叙任式[1]，主教的介入把骑士定位成教会和弱小的保护者。

---

1 册封“骑士”这一身份的仪式，“骑士”之下还有“侍从”“侍童”等。—— 译者注

12 世纪后半叶亨利二世统治时期，英国的骑士醉心于骑士道故事，但没人有兴趣参加马上长矛比武，而且他们宁愿缴纳免役钱也不愿服兵役。实战经验的缺乏让骑士阶层逐渐向绅士阶层转化（见第四章）。

因此，爱德华一世之后的英王所着迷的骑士道是经过人为改动的，目的是把自己塑造成一个光芒万丈的顶位骑士。

爱德华娶了卡斯蒂利亚－莱昂王国的公主莱昂诺尔为后，被大舅子阿方索十世叙任为骑士，在马上长矛比武中大出风头。1348 年，爱德华三世创建嘉德骑士团豢养贵族，便是利用骑士道的典型例子。

目前欧洲王室获国家政府授予立功者的“骑士”称号类似于日本颁授的勋章，是一种荣誉称号。14 世纪之后，以嘉德骑士团为代表的王室或诸侯创建的骑士团，就是这么一种仪式性的事物，起到授予名誉的作用，和十字军东征时期创建的圣殿骑士团、圣约翰骑士团等实战型骑士团是两码事。

话虽如此，毋庸置疑的是，狮心王理查、爱德华一世和爱德华三世的确为创建英式骑士典范做出了很大贡献。15 世纪中叶后，骑士道在英国逐渐失去市场，但是国王依然继续向大众推销自己一往无前的勇敢人设，标榜自己是个英姿飒爽的骑士。

骑士这个社会阶层最初形成于封建社会两极分化渐趋严峻的

10 世纪末，其地位介于大贵族和自耕农之间。此后一直到 12 世纪中叶，一大半骑士都只是有土地的自由民，而非贵族。随着骑士道风潮席卷社会，马匹和武器需要自备，这些都得花费大量金钱，迫使真正会打仗的骑士家族放弃“骑士”头衔。“骑士”一跃成为贵族的代名词，甚至连高高在上的国王也开始欣赏骑士。翻阅中世纪成书的编年史和宫廷故事集，可见国王和骑士道是互补关系，最了解骑士道的国王才是真正的好国王。

国王与骑士道的亲密关系在《王侯通鉴》这部帝王学专著中也有体现，书中描写的君王应具备的素质和骑士的素质高度重合。托马斯·马洛礼在《亚瑟王之死》（1470 年）中所描写的亚瑟王更是骑士的典范。

法国国王的自我定位是上帝计划中的一环，负责给人间“带来正义与和平”，而英国国王的自我定位则更直接，他们干脆把自己塑造成一名斗士，以骑士国王的身份开疆拓土，接受万众敬仰。如前所述，骑士道不过是英王手里的政治工具，可供随意揉捏。换言之，前近代英国的基本政治模式是国王与贵族联合执政，在发展国家的同时统治着整个社会。

以上就是 13 世纪末至百年战争末期这段时间里确立的骑士英王形象，在后来的列强混战，出征美洲和亚洲，走上帝国主义道路的霸权历史进程中，依然不变。

圣乔治崇拜

和英王战斗形象相关的因素中，较为耐人寻味的是英国（英格兰）的圣人崇拜，尤其是国家守护圣人崇拜。圣人崇拜起源于古代末期的殉教者崇拜，属于献身信仰，取代了日耳曼和凯尔特传统的巨石崇拜和树木崇拜。中世纪早期，人们相信圣人的遗骨、衣服的破布之类与圣人本身有联系的东西都附着了灵力，病人纷纷到藏有圣遗物的教堂里祈祷。中世纪鼎盛期之后，圣遗物祈祷和巡礼活动融合，圣人崇拜思想越发广泛。

此外，人们还相信守护圣人不只保护教堂和修道院，当城市、国家遇到危难时也会显灵，救民于水火，故会在纪念日举行盛大的祭典。至于选择哪个圣人，则结合与当地的关系，或看他引起了何种神迹。例如法国选的是圣狄奥尼修斯，佛罗伦萨选的是施洗者约翰，苏格兰选的是圣安德烈，而爱尔兰选取的是圣帕特里克。

图3-1　圣乔治与亨利七世家族

至于英格兰，忏悔者爱德华也是守护圣人的人选之一，但是地位最为崇高的当数圣乔治（图 3-1）。历史上的圣乔治的确切出生地不详，一般认为是卡帕多西亚至叙利亚－巴勒斯坦地区一带，在罗马当过兵。公元4世纪初，信仰基督教的乔治受皇帝戴克里先的迫害身死殉教。在十字军东征时期，他也被视为战争的守护者，受到崇拜。

中世纪鼎盛时期起，欧洲各地开始流传圣乔治屠恶龙（恶魔或异教的象征）的故事，还有相关画作。1222年，在英格兰召开的牛津宗教会议上，决定将每年的圣乔治节（4月23日）定为英格兰王国的法定节日。而圣乔治的旗印、纹章等所反映的十字军精神也为英国所吸收，为对威尔士、苏格兰和法国发动的战争辩解。

不过，圣乔治真正被尊为守护圣人要等到14世纪，其契机很有可能是1348年，爱德华三世号称自己的嘉德骑士团处于圣乔治麾下。在后来的百年战争过程中，英军常常一边喊着“圣乔治！”一边进军。

彼时的英国，圣乔治还没有风靡全国，这意味着他还有很大的发展空间。15世纪晚期之后，已经有大量的教堂供奉圣乔治。此时的圣乔治已经不是诸如医生等某种职业的圣人，而是整个英格兰的守护圣人。圣乔治十字架成了英格兰的国旗，在联合王国的国旗中也位居中央。

14世纪之后，圣乔治被尊为英国的守护圣人，同时也被尊为英国王室的守护神。对这位骁勇的圣人的崇拜之情一直延续到了宗教改革，“乔治”甚至成了小孩的名字，教堂、船舶也常常用“乔治”命名。每年 4 月 23 日的圣乔治节，英格兰都会举办各种纪念活动，爱德华一世之孙爱德华三世在这天为了表达自己对圣人的憧憬和崇敬，给 100 位穷人每人施舍了 1.5 便士。

理查二世之时，圣乔治和王室的联系已成礼制。圣乔治的旗帜迎风飘扬在英王的周围，英军士兵习惯在军服的前后绘上圣乔治纹章。圣乔治此时已是英国国王的守护圣人，并逐渐成为英国这个国家及英国国民的守护圣人。

模范议会

以刚勇闻名的爱德华一世在出兵威尔士、苏格兰，竭力扩张版图时，他在法国西南部的阿基坦地盘却被法国国王腓力四世夺走，这成了英法百年战争的导火索。

1295 年，英格兰国内召开了“模范议会”(最近有研究认为模范议会是世俗议会和宗教会议的联合会议，而非后世议会的模范之意)，目的是申请军费拨款，用以出兵苏格兰、法国和威尔士。与会人员除了大主教、主教、大贵族之外，每个郡有两名骑士，每个市镇有两名代表与会，基层神职人员也可列席，几乎全国所有阶层都有代表与会。模范议会和 13 世纪后半叶的几次世俗议会共同构成了后世英国下院（平民院）的雏形。不仅是征税，任何法令的实施或废止，都要经过议会批准。此事在 14 世纪初渐成惯例，实质性的代议制开始发芽。

然而，这并不代表国王的权力消失殆尽。爱德华一世时期，国王和议会反而越来越互相依赖。没有国王不出席的议会，也没有未经国王承认的决议，相反，国王对议会的决定负很大责任。

在这个时代，法律概念、法律意识及司法制度、政府部门等分工渐趋成熟，一系列部门从王廷中独立出来，组成了以议会为中心的统治机构。爱德华一世开始重视与议会分庭抗礼的国王评议会。国王评议会由各个行政机关首脑及世俗、神职范围的权力者组成，一开始他们只起到智库的作用，后来慢慢地演变为行政执行部门。

佞臣跋扈

爱德华一世之子爱德华二世（1307—1327 年在位）沉迷于声色犬马，和幼时好友皮尔斯·加韦斯顿搞起了断袖分桃。爱德华二世娶了法国国王腓力四世之女伊莎贝拉公主，却对加韦斯顿封赏有加，不仅封他为康沃尔伯爵，还任命他摄政，授权他在自己不在国内时统领国政。这引起了王后等一众外戚，尤其是兰开斯特伯爵托马斯等人的反感。托马斯是亨利三世的孙子，也是爱德华二世的堂兄。在一众外戚的攻势下，加韦斯顿数次被流放到国外，最终为某处的伯爵所杀。

1314 年，爱德华进军苏格兰中部的班诺克本，败于苏格兰军。苏格兰国王罗伯特一世将战线扩大至北英格兰和爱尔兰，但他在 1323 年和英格兰签署了为期 13 年的停战协议。1315 年，英格兰发生前所未有的严重饥荒，三年之内，就连王公贵族们也缺衣少食了。

然而爱德华还未吸取教训。加韦斯顿死后，他转而宠信温切斯特伯爵休·德希彭斯父子。此时，反对国王的王后伊莎贝拉在英格兰民众的支持下造反，于 1326 年审判德希彭斯父子并处刑，国王本人也成了阶下囚。

百年战争拉开帷幕

议会要在国王的名义下召开，然而当时的国王爱德华二世被废，王子爱德华三世便顺势继位（1327—1377 年在位）。

没过多久，已沦为平民的爱德华二世在布里斯托尔北部的伯克利城堡中遇害。幸运的是，爱德华三世像其英勇贤明的祖父，而不像其父那样昏庸。他登基时年方十五，此后统治了英格兰足足 50 年。在他统治期间，英格兰和法国之间爆发了百年战争（1337—1453 年）。

1328年，法国国王查理四世驾崩，爱德华三世身为腓力四世之女伊莎贝拉的儿子，宣称自己有法国王位的继承权。查理四世的堂兄腓力提出异议，认为自己才是法国王位的继承人。法国方面没收了加斯科涅地区[1]，又吞并了弗兰德，以惩罚爱德华三世的“僭越”行为。这成了英法百年战争的导火索。

1340年，英法两军在荷兰的斯鲁伊斯打了一场海战，英军击败法军舰队。1346年的克雷西战役，英军靠着长弓兵团取得大捷。在十年后的普瓦捷战役中，长弓兵团再次为英军的胜利立下大功（图3-2），俘虏了法国国王约翰二世，勒索了巨额赎金。

图3-2　百年战争：1356年普瓦捷战役

爱德华三世晚年，法国开始反攻。爱德华召开议会，希望能够额外征税以填补军费。在会议接二连三召开的过程中，议会的实力不断增强，平民院和贵族院分别开始召集，议会制走上正轨。

1　从爱德华一世起，法国一直实质统治着加斯科涅和阿基坦，1303年英法两国签订《巴黎条约》，承认这两片地区归英格兰所有。——译者注

1369年，英格兰王后费丽帕去世，失去爱妻的爱德华三世悲痛欲绝，身体大不如前，再也无法指挥军队。法国成功地收复了大部分位于欧洲大陆的领土（加莱、波尔多、布列斯特、瑟堡等城市除外）。

1376年，时隔两年，军费已尽的爱德华再次召开议会，这次议会从4月开到了6月。议会抨击了王廷和国王评议会的腐败问题，任命了新的评议员，弹劾了有侵吞公款嫌疑的铸币局局长并将之下狱，还排除了插手政治的国王情人爱丽丝·佩瑞斯。这次议会因其改革性而被称为“可嘉议会”。

1377年，爱德华三世驾崩，年方10岁的王孙理查二世（1377—1399年在位）登基，实权在国王评议会手上，当中兰开斯特公爵冈特的约翰的话语权最大。后来理查二世亲政，反兰开斯特派有了国王做后盾，和兰开斯特派斗了个你死我活。然而，政治混乱让国王的威信一落千丈。

瓦特·泰勒起义

对英国而言，国内的民众起义更是雪上加霜。在中世纪金雀花王朝时代，城镇人口只占总人口的一成左右，剩下的全是农村人口。1300年，英国的总人口约为500万；14世纪中叶，黑死病夺去大半人口。1450年，总人口减至200万~300万。

农村劳动力不足反而成了改善农民待遇的好机会。他们争取土地自由流通和农业经营改良，自耕农阶层出现，农业和技术改革带来商品生产的繁荣。

在这一过程中，理查二世征收人头税的做法引发了国内的起义。大部分起义者是穷人，他们起来反抗这种从乞丐碗里抢食物的新税制，对神职人员约翰·波尔的布道——“亚当耕作、夏娃纺织的时候，谁是领主”深有同感。

英国全境都爆发了起义，其中尤以埃塞克斯和肯特为多，最具代表性的是 1381 年的瓦特·泰勒起义。瓦特·泰勒原本只是个修瓦房的工匠，起义后，他率领埃塞克斯和肯特的工人、农民从坎特伯雷出发，杀向伦敦，要求罢免政府高官和法务从事者。他们攻进伦敦之后，第一件事就是销毁法律档案，打开监狱释放囚犯，挨家挨户地打家劫舍。王宫里的大臣们逃的逃、躲的躲，冈特的约翰更是宛如过街老鼠，被起义者抄了家。坎特伯雷大主教和几个宫内官员则遭处刑，一命呜呼。

瓦特·泰勒等人的诉求是改革经济和社会，例如农民可以自由选择雇主、废除农奴制和领主制等。6 月 15 日，国王理查回应起义者的呼吁，与瓦特·泰勒会面。双方对话一开始还友好，但随后气氛急转直下，泰勒一行惨遭国王手下屠杀，又被枭了首级。国王反口，不承认废除农奴制的约定，处死了包括约翰·波尔在内的约200名起义者。不过，农奴制的消亡是大势所趋，15世纪，农奴制退出英国历史舞台。

瓦特·泰勒起义是英国史上首次平民起义，这次起义挑战了既有秩序，遭到了统治阶层的猛烈反扑。英国人甚为重视秩序和稳定，或许对他们来说，提出这种超前于时代的身份平等、阶级平等的要求，是大逆不道的。

百年战争始末

理查二世膝下无儿，其叔父——兰开斯特公爵冈特的约翰——宣称王位应由自己继承，还想传位给儿子。然而，约翰于1399年去世，领地被侄儿全部没收。趁着理查赴爱尔兰，约翰之子亨利·博林布鲁克发动叛乱，要求继承王位、收复旧领地，英国陷入内战。理查晚年因暴政而民望尽失，亨利反而得了民心，最后把理查二世囚禁在伦敦塔，自己登基为王，是为亨利四世（1399—1413年）。但是，理查二世毕竟是正统国王，某种程度上，亨利四世属于谋朝篡位，他的王位正统性得打个问号。

1413年，亨利四世驾崩，亨利五世（1413—1422年）继位。在他治下，百年战争战火重燃。阿金库尔战役中，亨利五世大胜，成功收复诺曼底、安茹等地，胜利回国。1420年，亨利五世和法国勃艮第派签署《特鲁瓦条约》，取得了法国王位的继承权。偏偏风水轮流转，法军在苏格兰援军的助战下反攻英军，亨利五世本人也因患赤痢于 1422 年驾崩，才出生 8 个月的亨利六世（1422—1461、1470—1471 年在位）继位，亨利五世之弟、贝德福德公爵兰开斯特的约翰摄政。

在英法的关键战场上，贞德出现，法国目睹了胜利女神的微笑，查理七世在兰斯举行了加冕礼。之后英军全面撤出欧洲大陆，仅留下加莱一处。1453 年，百年战争结束。

为了和法国打持久战，英国国内的爱国意识和“英国人”身份认同渐渐萌芽，对守护圣人圣乔治的尊崇日益增加也起到了一定作用。正因为失去了欧洲大陆的领土，英国才正式接受了岛国

图3-3　伦敦塔，征服者威廉一世所建的城堡，归国王所有，也曾用作监狱、铸币局

的身份，有了明确的国界线，组建起民族国家。而代表这个民族国家的，自然是国王和议会。

在这期间，法语在上流社会中逐渐衰退，从初等教育科目中被剔除，家族内部也不再实施法语教育，议会上的讨论和议事记录也用英语代替，法庭上的辩论、审判也必须用英语。

玫瑰战争——无休止的杀戮

1453 年，百年战争结束。同年，亨利六世的王后玛格丽特诞下王子，起名爱德华。玛格丽特在贵族群体中声望很高，被尊为“兰开斯特家的领袖”，因而看不起自己的丈夫。另外，亨利六世的精神也的确不稳定，故由约克公爵理查摄政。可是理查又起兵造反，宣称自己的血统要比玛格丽特生出的那个“野种”纯正得多，王位继承权应该归自己。

支持理查的约克派结成联盟，推举沃里克伯爵理查德·内维尔为盟主。沃里克伯爵的家族成员有几百人，遍布全国 20 个郡；与之相对的，王室派（兰开斯特派）则以王后玛格丽特为核心。1455 年起，双方爆发了持续 30 年之久的战争。因为约克派以白玫瑰、兰开斯特派以红玫瑰为旗号，故后世称这场战争为“玫瑰战争”（事实上，兰开斯特阵营在战争结束后才以红玫瑰为旗号）。约克派主张“亨利六世的王冠应该传给约克公爵的嫡子爱德华，而不是冈特的约翰的子孙（爱德华王子）”。

战争初期，约克派占了上风，但很快女中豪杰玛格丽特便开始反攻。一些被特赦的约克派成员四处分散，议会又将约克派的领导层定性为叛国贼，导致约克公爵逃亡。得胜的玛格丽特大肆搜捕约克派成员，处死了一大批人。但是过了不到半年，玛格丽特还没来得及细细品尝胜利的美酒，兰开斯特派内部便陷入颓势，成员一个个叛逃。1460 年 6 月，约克公爵从法国回到英格兰之后，玛格丽特之子爱德华便放弃了王位继承权。

之后，战况陷入胶着，双方互有胜负。约克公爵去世；爱德华四世加冕（1461—1470、1471—1483 年在位）；亨利六世逃往苏格兰；爱德华四世与曾经的盟友沃里克伯爵反目；亨利六世被囚于伦敦塔，王后玛格丽特被捕；爱德华四世遇刺身亡，其子——年仅 12 岁的爱德华五世（1483 年在位）被主教们定性为庶子，和弟弟约克公爵理查一同被关在伦敦塔，他们的叔父——心狠手辣的理查三世（1483—1485 年在位）登基加冕……这一系列事件之下，战况也不断左右摇摆，在这一过程中，约克和兰开斯特两家成员及其背后阵营的贵族，都有不少人遭毒手。

约克家族内部也上演着血腥的争权夺利，很多无辜的人被处死。他们打着“稳定王位”的口号，实际上做的却是消灭所有潜在对手的行径。其野蛮程度在今天看来，是匪夷所思的。

冈特的约翰的玄外孙、里奇蒙伯爵埃德蒙·都铎之子、兰开斯特家的亨利·都铎从逃亡地布列塔尼回到英格兰。1485 年，亨利在博斯沃思战役中击败理查三世，遂登基为王，是为亨利七世（1485—1509 年在位），开创都铎王朝。翌年，亨利迎娶爱德华四世之女，约克家和兰开斯特家从对立走向统一。

然而约克派还不知足，他们在爱尔兰招兵买马，想造反，并推举沃里克伯爵登基。1487 年 6 月，约克派在斯托克战役中战败，为期三十余年的玫瑰战争终于画上句号。

玫瑰战争是英国史上最长的一次内战，很多大贵族在这场战争中被灭族。爱德华三世时期，大贵族还有 86 家，玫瑰战争后仅余 29 家。但另一层面，因为宣称自己有王位继承权的家族也少了，客观上的确稳定了王权，促进了国王、中小贵族、普通百姓三者相互联系的新国体的形成。

英国内战和法国等地最大的不同在于，英国内战是贵族之间的内斗，和普通百姓没什么关系，战争中没有发生农民或城市居民被杀、建筑物被毁坏的事，所以乡绅阶层和自耕农阶层得以崛起。

亨利七世希望自己的统治不依赖大贵族，遂大力强化国王评议会（由国王近臣组成，在国王行使大权、直接统治地方时充当媒介）的权力，并以此为中心，起用神职人员、骑士、法务人员、商人等为官，按照能力安排不同的岗位。又新设星室法庭，审理讼棍、造反、非法集会之类的事件，增强了国王的权力。

不过，亨利并没有忽视议会，他召集了七次之多。从14世纪中叶开始，逐渐形成了诸侯参加的议会（贵族院）和骑士、市民参加的议会（平民院）。15世纪之后，平民院因为能够向国王提供资金，话语权压过了贵族院。

亨利七世的外交手腕也很高明，他和西班牙、法国签订了友好条约。在亨利七世及其子亨利八世两代，英国处于类似专制君主制之中。

城市里的商人和工匠

如前所述，中世纪后半叶，乡绅阶层和自耕农阶层崛起。那么生活在城市里的商人和工匠们又怎样呢？

伦敦、约克等大城市很早就实行了自治体制。12、13世纪之后，中小城市也从国王、伯爵、主教等城市领主处获得了自治权，能够自行选举市长、征收租税，城市法院的判决结果受认可。不过，城市法院负责的主要是民事案件和轻微刑事案件，重大刑事案件还是要交由王室法院审理。

城市的主导力量是商人和工匠阶层，他们所组成的行业公会，甚至成了城市政治的核心组织。市长和城市参事会的人选均来自公会。随着农村人口不断流向城市，城市人口逐渐膨胀。

据说在中世纪后半叶的英国，足足有100种行业。很多工匠不仅负责制造，还兼任销售。还有一些中介商人低买高卖。除此之外，还有一些大商人专门从事远距离进出口贸易，他们在船上堆满布匹、丝绸、香料，漂洋过海做生意，冒着莫大的风险，积累巨额财富。

在城市里筑起作坊的工匠是工匠阶层的主力军，包括纺织业者、皮革鞣制业者、制鞋业者、军需业者、马蹄铁工匠、染坊老板、打金匠等。这些工匠、商人组成的兄弟会和行业公会并无明显区别。硬要说的话，兄弟会的成员崇拜的是同一个圣人，成员之间互帮互助，定期举办宴会加深情谊。每逢守护圣人的纪念节日，还会举行弥撒，逝去和活着的成员都是弥撒对象。除了弥撒，还有其他宗教性祈祷、宴会、娱乐活动等。一些兄弟会会众筹帮助患病或贫穷的成员，甚至还有兄弟会有附属疗养院。

行业公会是城市内同行业工匠和商人们结成的，目的是规范各个手工业、商业贸易经济及社会方面的行为，制定行业贸易规则，构建入行壁垒，确定标准制作流程，管理产品质量，划分学徒、工匠和业内龙头各自的权利义务，等等。与兄弟会类似，行业公会也有宗教性质。兄弟会和行业公会早在1300年以前就已存在，并在14、15世纪迎来发展的黄金时期。

14世纪，爱德华三世统治时期，很多城市都逐渐发展成自治城市。自治城市可细分为教区城市和议会代表选区城市，都享有自由权利，可以向国家议会选派议员。这些城市负担的税收原则上不经郡督，直接送往财政署，不过因为14世纪经济萎靡，黑死病又大大打击了城市商业，一些小型城市放弃了自治，主动接受郡督的统治。

爱德华三世统治末期，羊毛出口减少，国内毛纺织业逐渐繁荣，面向国际市场的毛纺织物出口增多，伦敦、约克、纽卡斯尔等地形成了垄断性的毛纺织物出口商人协会组织。于是，14—15世纪，城市里出现了与农村手工业结合的批量式生产，毛纺织物的出口量增加了几倍。富起来的城市市民阶层取得了与农村乡绅阶层同等的地位。

同处于中世纪后期，英国城市的商人、工匠的情况和意大利、法国完全不同。因为英格兰早在盎格鲁－撒克逊时代末期就已经划分了郡区，郡督直接对国王负责，即农村和城市在行政级别上是相等的，尽管市民阶层是国王的租税来源，并因此获得了不受直接统治的特权，但除了伦敦，城市居民和农村居民不管是从社会层面还是文化层面上，都没有多大差别。

此后，英国又细分出了只有几十至几百户人口的微型城市、一千到几千户人口的地方经济、政治中心（郡级城市），及超过一万户人口的诸如伦敦、约克之类的大城市。另外，工业城市、造船城市、矿泉城市等也相继涌现，不断刷新存在感。

总而言之，王室依靠忠诚的乡绅阶层在城市实施寡头政治，不断用财政、军事上的理由剥夺城市的特权，导致英国的城市自治程度不如意大利和法国那般发达。

罗宾汉传说

说起来，英国本土传奇中，除了亚瑟王传说之外，应该是罗宾汉传说最著名了。如果说亚瑟王是王公贵族们的典范，那罗宾汉就是普通百姓的英雄（图 3-4）。

图3-4　驱赶林务官的罗宾汉

我们今天看到的罗宾汉形象，已经和中世纪传说中的那个草莽英雄有很大出入了。今天的罗宾汉传说来自16、17世纪剧作家们的作品，而中世纪的罗宾汉传说则来自四海为家的吟游诗人们的传唱，目前只有一些诗歌片段残存下来。传说起源的精确时间不详，推测应是14世纪前半叶。

通过大量早期罗宾汉传说版本，我们能猜测其原型应是在拜恩斯代尔地区活动的一群绿林好汉。对中世纪末期听诗人吟唱诗歌的民众来说，罗宾汉是崭新的英雄，他不是那种古老宫廷式故事里的英雄骑士，而是一介自耕农，既无头衔也无领地，他和同伴们虽身为盗贼，却有着贵族般的美德和言谈举止。

在中央权力衰弱、地方行政腐败之际，惩恶扬善、劫富济贫的好汉作风深受喝彩。一开始是平民百姓，15世纪发展到乡绅阶层和贵族，最后连国王都欣赏这种作风。

早期（15世纪）版本的罗宾汉传说中，罗宾汉本是一介自耕农，后来落草为寇，和一众好汉兄弟用饮食引诱过往的“客人”。一天，罗宾汉本在森林中设宴欢迎送上门的理查勋爵，席间他露出强盗本性，向勋爵勒索赎金。理查称自己在“马上长枪比武中失手杀死对手，正被四处通缉，身上还背负着债务”，罗宾汉听后，出于侠义心肠，反而借了400镑、送了几名随从给他，还给他置办了一身行头。此后，还有诸如与宿敌官员对决、营救被捕的骑士、与变装后的国王相遇、出席盛大的宴席、射箭比赛、出仕宫廷等场景。

这一连串事迹，从乡绅阶层到小工匠阶层均广为接受。罗宾汉从不抢夺清官的财产，只瞄准那些以高阶神职人员、官员、法官等身份鱼肉百姓的贪官。此外，他对国王非常尊敬。罗宾汉一众不反王权，只是单纯反王室山林法而已。

到了16世纪，涌现了一批新的罗宾汉剧目，新增了养着三条狗的修道士塔克等人物。这些剧目在五朔节[1]上演，国王有时还会亲自到场观赏。尤其是亨利八世，他几度打扮成罗宾汉，秀了一波射箭本领。近卫兵们也曾纷纷穿着绿衣、戴着绿头巾，打扮成罗宾汉一行，在伦敦郊外的森林接待国王一行。就连亨利八世之女伊丽莎白一世，也在登基之前带着12名侍女和20名穿着绿衣服的自耕农到伦敦近郊的森林猎鹿，结果遇到了50名弓箭手，他们头戴黄帽、脚踏深红长靴、手执烫金长弓。

文艺复兴时期，罗宾汉也很好地适应了王公贵族们对优雅的要求。此后，剧作家们又新创作了一系列罗宾汉剧目。即便到了近代，以罗宾汉为题材的诗歌、流行歌曲、音乐剧还在不断问

1　五朔节是欧洲传统民间节日，用以祭祀树神、谷物神，庆祝农业收获及春天的来临。这一节日历史悠久，最早起源于古代东方，后传至欧洲。——译者注

世。当中甚至有剧目安排了罗宾汉跟随理查一世围攻王弟约翰的诺丁汉城这一情节。

就是这样，英国国王为了收买人心，一方面利用亚瑟王传说宣示自己是贵族、骑士的代表，另一方面又通过罗宾汉向平民百姓宣称自己是百姓的代表。

第四章　专制主义的确立与文艺复兴

亨利八世到詹姆斯一世

1509—1625 年

亨利八世

亨利八世的对外政策

亨利七世结束了玫瑰战争，其子亨利八世（1509—1547 年在位）也颇有其父之风，不仅会打猎，会耍马上长枪，还是个运动健将，网球、摔跤、射箭、保龄球、标枪什么的都不在话下。他的拉丁语和法语也很流利，甚至还会作曲，是一个全面发展的国王。

但另一方面，亨利八世的残忍性格也饱受争议。他一生娶了六个妻子（图 4-1），其中有两个被他亲手送上了处刑台。另外，他还处死了 50 个大贵族和高阶神职人员，其中包括三个宰相，这让他成了一个毁誉参半的国王。

亨利八世登基之后，英格兰卷入了欧洲大陆的大国之争。他和法国国王路易十二世结为友好关系，但又和法国的敌人阿拉贡

图4-1 亨利八世的三任妻子

第一任妻子阿拉贡的凯瑟琳（左），第二任妻子伊丽莎白一世之母安妮·博林（中），最后的妻子凯瑟琳·帕尔（右）

国王签订条约，还加入了罗马教皇、神圣罗马帝国皇帝的“神圣联盟”，摆出一副要对法国不利的姿态。

1513 年，亨利八世御驾亲征，起兵攻打法国。法国的盟友、苏格兰国王詹姆斯四世，出兵攻打英格兰，却在弗洛登战役中大败，詹姆斯四世战死。不过亨利也因国内财政难以为继，选择与法国讲和，还把自己的妹妹玛丽许配给路易十二。

没过多久，路易十二驾崩，弗朗索瓦一世继位，英法两国的关系更上一层楼。1502 年，两国甚至共同在加莱（英国领地，位于法国）近郊搞了一次豪华奢靡的宴会，史称“金缕地会盟”。之后，神圣罗马帝国皇帝（兼西班牙国王）卡尔五世与法国交手，亨利却撕破脸皮站在卡尔五世这边，出兵入侵北法兰西，两国关系再度恶化。1525 年，两国再次讲和。

1536 年，亨利八世通过《联合法案》解体了威尔士公国，将之纳入英国行政体系，成为一个郡，并自称威尔士亲王——这就是“Prince of Wales”称号的由来。1541 年，亨利八世又把自己的“爱尔兰领主”头衔改成“爱尔兰国王”，爱尔兰王国由此建立。

自此之后，亨利八世在英吉利成员国中强制推行英语，使之成为全国通用语。而英语也在日后随着大英帝国的扩张，逐渐走向世界。

英国国教会的诞生

说回英格兰国内，亨利八世因为王后凯瑟琳一直生不出儿子而焦躁不已。他想离婚，但凯瑟琳执意不肯，他请求罗马教皇裁决婚姻无效也被驳回，于是他便召集议会通过了一连串法案，决心与教皇斗到底。

红衣主教兼大法官托马斯·沃尔西办事不力，亨利遂于 1529 年起用托马斯·莫尔代替他大法官的位置，并委任托马斯·克伦威尔辅助他。托马斯·莫尔是著名的空想社会小说《乌托邦》的作者，托马斯·克伦威尔则为改革出力不少，可惜二人最终都被亨利处死。

同年，亨利八世召开“宗教改革议会”，正式宣布与罗马断绝关系。1533 年，亨利从坎特伯雷大主教那儿拿到了婚姻无效的裁决结果，并颁布《禁止上诉法》，废除了教士们向罗马上访的权利，神职人员犯事要在英格兰王室法院接受审判。

1534 年，颁布《至尊法案》，亨利成为英格兰教会唯一首脑，宗教改革成功。宗教界日月换新天，成立了脱离教皇的英国国教会（又称英格兰国教会），亨利亲任首脑。他还破坏了多处巡礼地，解散当地修道院，没收土地，又改修道院建筑为庄园屋，给无处可去的修道士发放津贴，允许其娶妻。

亨利把没收上来的修道院土地卖给了新兴乡绅阶层，用这笔钱沿着海岸修筑堡垒，连成网络。这些买了土地的乡绅则摇身一变成了土地领主，获得了治安官等（负责地方行政、审判的）职务。至于通过经商赚到第一桶金的市民阶层，也通过购买土地跻身乡绅阶层。

尽管与罗马断绝了关系，又经历了宗教改革，但英国人的信仰内核并未发生多大变化，他们依然信仰天主教，且信仰独立于政治。这是英国的宗教改革和德国马丁·路德宗教改革、法国加尔文宗教改革最大的不同。不过，英国的宗教改革大大改变了英国人的集体记忆，让他们深深缅怀起过去的幸福时光（中世纪田园牧歌时代）。伴随着新的历史意识的诞生，16 世纪的英国人有了危机感。

慢慢地，英格兰的宗教逐渐脱离天主教。1545 年，英语代替拉丁语，成为宗教仪式的官方语言。亨利八世与第三个王后珍·西摩之子爱德华六世（1547—1553 年在位），更是从根本上改革了礼拜的方式，他禁止在教堂摆放主祭坛、基督或圣人画像、圣遗物箱、神职人员的礼服、内部装饰、蜡烛、香，禁止设置捐款礼拜处、兄弟会、公会，等等；已摆放、成立的须撤去，禁止圣人崇拜、手持念珠、超度祈祷等行为。

亨利八世晚年时再度掀起了与苏格兰和法国的战事。他打赢了苏格兰，却败于法国和神圣罗马帝国卡尔五世联军之下。在此之后，他的身体日渐不支，于1547年驾崩。

有观点认为“亨利八世是个有躁狂症的暴君”，可是从他为英国指明日后的前进道路和方向这点来看，他也的确是个伟大且有民望的国王。他重视议会，利用其重新组织税制，确立了君主统治体制。

在这个时代，贵族势力渐衰，议会又因为以贵族院为中心，所以下议院干脆独立出来，依据普通法来审议案件，更渐渐具有了立法功能。宗教改革时期的议会规定，国王在没有议会批准的情况下，不得行使任何强制性权力。而老百姓们对每一个阶层乃至君主制本身都没有意见，只要国王能够带来国泰民安，随便他干什么都行。

《至尊法案》与《划一法案》

爱德华六世早逝，亨利八世与第一位王后凯瑟琳所生的女儿玛丽（1553—1558年在位）继位。玛丽一世是传统的天主教徒，她否定了父王的宗教改革，再一次认可罗马教皇的至尊地位，把英格兰史上第一位女王（很多历史学家不承认她是正式君主）简·格蕾（图4-2）等新教徒（经过宗教改革脱离了天主教）、坎特伯雷大主教、伦敦主教、伍斯特主教、牛津和剑桥两所大学的神学者、《圣经》英译者等合计300余人，送进伦敦塔处死。

图4-2　爱德华六世驾崩后，简·格蕾被卷入政治斗争中，以16岁弱龄登基，却在短短9天后遭废黜并被处死

玛丽一世因其残暴作为，被冠以“血腥玛丽”之名。她本来就有西班牙血统，后来又嫁给了西班牙王子费利佩（后西班牙国王费利佩二世）。她成婚四年后逝世，膝下无儿。

玛丽之后继位的是亨利八世第二任王后安妮·博林之女伊丽莎白（1558—1603 年在位）。她曾被母亲以通奸罪名剥夺了王位继承权，但在 1543 年恢复了。

伊丽莎白登基之初，曾试图缓和天主教与新教的矛盾。她修订了父王立下的《至尊法案》，要求教会采用英国国教的方式做礼拜，但在制度层面回归了传统天主教的主教制。后来，伊丽莎白转而利用新教巩固王权。1559 年，她正式以法律形式颁布《至尊法案》，国王在国教会内的称号不再是“首脑”，而是“最高统治者”。同时，英格兰的所有官员都要向国王宣誓效忠。有趣的是，女王变更教会称号时，反对的声音不如想象中多。

同时颁布的还有《划一法案》，规定教徒要用国教的仪式做礼拜，并使用通行的祈祷书。爱德华六世早在 1552 年就已经颁布过《划一法案》，后被天主教阵营的玛丽撤回，现在伊丽莎白再次颁布。在《划一法案》规定下，节日典礼和每个周日的弥撒都要以固定的程序进行，神职人员要穿规定的服饰。宗教礼拜逐渐染上了英国特有的色彩。

1563 年，英国国教会制定了教义纲领，经主教会议审议后，提交上下两院修订通过，便是《三十九条信纲》。这套教义吸纳了新教各派的思想。

可见，伊丽莎白一世的教会体制明显偏向新教，否定了天主教首脑罗马教皇的权威，更斥圣画像崇拜是“偶像崇拜”，并予以禁止，允许新教定期布道。另外，该体制视法国和西班牙为假想敌，“指责敌国的天主教风潮正在英国国内蔓延”。

英国的宗教虽名为“新教”[1]，但其本质上是英国自己的宗教，

---

1 “新教”一词译自 Protestant，源自德语的 Protestanten（反抗者）。新教的源头为德国马丁·路德宗教改革，可是英国的宗教改革和马丁·路德并无关系，用“新教”这个词或有歧义，故作者强调英国国教虽名为“新教”，但本质上是英国自己的宗教。——译者注

更世俗化、政治化。因此，英国国教和天主教、清教（主要是加尔文教）都是对立关系。至于英格兰北边的苏格兰，则成立了长老派[1]教会，一直保留到现在。

伊丽莎白王朝文艺复兴

图4-3　伊丽莎白一世

伊丽莎白一世在宗教层面上确立了国教会，在内政层面上正式构建了祖父、父亲打下基础的君主专制主义，在外交层面上取得了一系列海外殖民成果。不过，伊丽莎白一世最为今人津津乐道的，是她在文化层面上的功绩——英国的文艺复兴。

1536年，伊丽莎白的母亲安妮·博林被控与五名男性通奸，亨利八世怒而处死了六名奸夫淫妇。好在亨利的第六任王后凯瑟琳·帕尔很注重爱德华王子（即使不是她亲生的）和伊丽莎白公主的教育，这让伊丽莎白从

1　清教的一个宗派，牧师和信众代表——长老平等地统治教会。——译者注

小便博学多才。她会说一口流利的拉丁语、希腊语、法语和意大利语，不用翻译就能和各国使节沟通，因此赢得了他们的尊敬。以伊丽莎白的宫廷为中心，英格兰的文化发展迎来黄金时期，她本人也常常身着盛装在公开场合露脸。

接下来，我们就来看看所谓的英国文艺复兴到底取得了怎样的成果吧。伊丽莎白之父亨利八世时期，英国出了一个著名的人文主义者 —— 前文已提及过的托马斯·莫尔。托马斯·莫尔兼修法学和古典学，深得亨利八世信赖，被提拔为大法官，可惜因为亨利八世的离婚问题，被打入伦敦塔处死。在《乌托邦》第一部中，他讨论了暴君和私有财产引起的社会弊端；第二部则描述了一个有着宗教宽容、六小时劳动制、共产制、男女平等教育的理想社会。这部著作成了后世乌托邦文学的滥觞，对社会主义者的思想也有一定影响。

伊丽莎白时代，城镇内开始搭建永久剧场来代替巡游剧团们的临时舞台，光是伦敦就已经建了 10 座。永久剧场雇用专属剧团员工，带来了戏剧的繁荣。在伊丽莎白和后来的詹姆斯一世时代，出现了很多剧作家，当中最为璀璨夺目的是威廉·莎士比亚（1564—1616 年）。

莎士比亚几乎所有的作品都有国王登场，其中有不少国王还是主角。他的剧中人物所处的时代，刚好是国王被各种神化的时代，从字里行间我们可以读出莎士比亚所认为的当时民众对国王的看法，及他对这种看法的疑惑。例如，谋朝篡位的国王不堪亡灵骚扰、夜不能寐，白天又担心支持正统国王的贵族们起兵造反之类。

在莎士比亚所写的《亨利八世》中，亨利八世是一个伟大的国王，但他的性格并不脸谱化，反而复杂不一，这看起来倒像是在预言“虎父无犬女”，剧中刚出生的伊丽莎白在将来必定会带来中兴治世。这某种程度上是在歌颂当下的伊丽莎白时代。

克里斯托弗·马洛与莎士比亚同年出生，29岁时遇刺身亡，他留下的作品数量不多，不过质量上乘。例如，取材于帖木儿生涯经历的《帖木儿大帝》，剧中的帖木儿残暴无情，虽然他成功开疆拓土，取得了统治大权，却失去了最爱的皇后，孤零零地死去。又如《浮士德博士的悲剧》，这部剧取材于浮士德传奇，浮士德在追求知识的道路上得不到满足，与魔鬼梅菲斯特签订契约，每天贪图享乐，沉湎于声色犬马之中，最后落得个凄惨下场以赎罪。

莎士比亚之后的本·琼森身兼诗人、剧作家和古典学者。他的作品尤以喜剧为人所知，如《人人高兴》《狐狸》《炼金术师》等。这些喜剧属于幽默喜剧，赤裸裸地讽刺了平民愚蠢、贪心的性格及其社会生活。虽然有人批评他的戏剧墨守成规，人物塑造偏离现实，但这也不妨碍他的作品一针见血的讽刺力度。

值得留意的是，16 世纪末—17 世纪，伊丽莎白女王逐渐被神化，埃德蒙·斯宾塞的《仙后》（1590、1596 年）是其中的代表作。这部作品通过描写奇幻仙境引出道德上的寓意，暗示伊丽莎白女王就是仙后格罗丽亚娜（在第三卷登场的贝尔菲比也是伊丽莎白的象征）。

再者，这个时代的王宫和贵族宅邸里的庭院都成了文艺复兴文化的表演场地，各种几何学式庭院设计凝聚着匠人心血，交相辉映。

当海盗的女王

伊丽莎白时代还有一件特别值得一提的事儿。英国虽然晚于西班牙和葡萄牙叩开大航海时代的新世界大门，但随着海军实力的增强而后来居上。不过，所谓海军实力，其主力其实是海盗。16 世纪后半叶—17 世纪初是海盗猖獗的时期。

得到国家或国王默许的海盗行为，称为“私掠”。于国王而言，即使他放任海盗规模扩大也不会被追究责任，毕竟从表面上看，那是海盗们的个人行为——尽管其实质上与国策没什么区别。

欧洲各国都有利用海盗挑事的做法，但大多数情况下，海盗的背后都是反政府势力或者商业团体。偏偏在英国，海盗由国家亲自背书，而且其频率之高在整个欧洲也不多见。尤其在伊丽莎白女王时代，英国海盗进入鼎盛期。英国海军之所以能与西班牙海军一战，全靠海盗。

具体而言，海盗弗朗西斯·德雷克在大西洋上不断袭击过往的西班牙船只，抢掠财宝。1577—1580 年，他抢掠了大量来自西班牙各殖民地的金银财宝，而伊丽莎白女王对此视而不见。

新教国家荷兰为反抗西班牙的统治，及他们强制推行天主教的政策，向英国求援。1585 年，女王起兵支援荷兰。西班牙国王费利佩二世（玛丽一世前夫）想攻打英格兰，却在 1587 年的卡迪兹战役中被德雷克打得大败。

1588 年，德雷克从后方偷袭西班牙的无敌舰队，由 130 艘船组成的舰队被围困在一片火海之中，陷入混乱。无敌舰队分队北上至苏格兰附近，又遇到了狂风暴雨，失去了 53 艘船。自此之后，制海权从西班牙落到了英国手中，英国开始了对北美的殖民。

有意思的是，这一系列海上壮举不全是国家机器贡献的，私人性质的海盗也做出了很大贡献。正因如此，西班牙斥伊丽莎白女王是海盗，其他国家也跟风叫起了“女王是海盗”。不过英国人自己倒觉得“女王是海盗”不是什么坏事，反而沾沾自喜，弗朗西斯·德雷克本人也被称为“皇家海盗”。这种代替正式国家海军的私掠行为，也填补了贸易不振的财政缺口。日后，私人抢掠成了过去时。1649 年，奥利弗·克伦威尔建立的共和制政权组建了一支正式的国家常备海军。

伊丽莎白一世在确立英国国教会的同时，还起用了很多熟悉经济的中产阶级政治家，使英国经济更为繁荣。尤其是国务大臣、财政大臣威廉·塞西尔，他为女王尽职尽责了 40 年之久。

对外方面，英国虽然利用海盗成功地化解了来自法国和西班牙的压力，但因连年战争，负担依然很大，时不时便会引发国内的经济危机。贫者越贫，加上农作物歉收、瘟疫流行，城市里到处是流浪者和失业者。于是，政府出台了《济贫法》，一直实施到 19 世纪。这就是光辉灿烂的伊丽莎白时代之下的阴影面。

以长老宗为国教的苏格兰

这个时代，英格兰和苏格兰的关系又是怎样的呢？两国曾经维持了一段很长时间的和平，然而英格兰进入都铎王朝、实现了君主专制、王权高于教权之后，两国的平稳关系便被打破了。双方彼此攻伐杀戮，仇恨度越积越高。

当时的苏格兰是天主教国家，伊丽莎白一世和宰相威廉·西塞尔趁苏格兰女王玛丽·斯图亚特忙于镇压国内新教叛乱之时，出兵攻占了苏格兰南部。1560 年 12 月，在苏格兰问题上相持不下的英国和法国签署了《爱丁堡条约》，答应从苏格兰境内撤军，而苏格兰的宗教内乱也趋于平息。

另外，自 13 世纪以来的苏格兰－法兰西同盟宣告废止，苏格兰否定罗马教皇的权威，禁止用拉丁语举行国内的弥撒，天主教的影响大幅减弱。16 世纪中叶，以约翰·诺克斯为首的长老派崛起，创建了苏格兰国教会。长老派的思想观点接近加尔文派，这意味着苏格兰也终于迈上了新教的道路。

此后，苏格兰和英格兰之间依然有零星战事，但很偶然地在 1603 年，两国的王位竟然由同一个人继承了。

魔鬼学者——英王詹姆斯一世

1603 年，伊丽莎白女王驾崩，王位落到了甥孙詹姆斯一世（1603—1625 年在位）头上。同时，詹姆斯一世也是（被伊丽莎白处死的）苏格兰女王玛丽·斯图亚特之子。于苏格兰，他是詹姆斯六世；于英格兰，他是詹姆斯一世。他登基为英格兰国王后，英格兰进入斯图亚特王朝，他也成了史上第一个英格兰、苏格兰、爱尔兰三国共同的国王。

三国结成同君联合体，后世史家评价这为 18 世纪实现统一打下了坚实的基础。但三国历史各异，宗教信仰也有分歧，苏格兰信仰长老派（加尔文派）新教，英国信仰英国国教，爱尔兰则信仰天主教。

詹姆斯一世没有把长老派和英国国教合而为一，而是任由两者并存，他这种做法引起了天主教的不满。1605年，即詹姆斯登基两年后，盖伊·福克斯率领一批天主教激进分子谋划，企图在议会开幕式炸死国王一众，扫清新教贵族。不过由于叛徒泄露消息，计划在实施几个小时前露馅了。

詹姆斯一世鼓吹君权神授，与议会时有冲突。1609年，他在议会演讲上公然放言“国王在尘世行使着类似于上帝的权力，故可尊王为神”，更在后来的议会演讲和给下议院的信件中重复诸如“一个人无论多伟大，他都要服从国王。无论是出于拯救世人灵魂还是保护生命财产的理由，他都不能反抗拥有至高权力的国王”“国王对臣民有生杀予夺之权，甚至臣民身份本身都可以自由与之取之。除了上帝之外，国王不对任何人负责”之类的言论。他甚至在自己的著作中也多次论及“君权神授”这一问题，意欲把议会置于自己之下，创造一个特权，凌驾于法律和议会之上。

当时的议会主体由乡绅阶层和郡骑士阶层组成，议员们不希望议会和城市的自由受到限制，故常常拒绝缴纳收上来的国王直辖地的地租收入，来反抗国王的干预。

事实上，詹姆斯一世还是个“魔鬼学者”。他在学习加尔文派教义的同时，还通览了法国魔鬼学者让·博丹的著作，在魔力、女巫巫术等方面的知识很丰富。1590 年，詹姆斯一世年仅 24 岁，他参与了在苏格兰的港口城市——北贝里克举行的一场女巫审判。听到“女巫”在酷刑之下招供自己的“罪行”，詹姆斯一世兴奋不已。听说恶魔在女巫集会上说詹姆斯是他们在这个世界上最大的敌人时，他甚至高兴得流泪。此后，他便陷入妄想之中，总以为世间有很多女巫，还有一些奸人，他们打算与女巫狼狈为奸谋害自己。

詹姆斯亲自撰写了《魔鬼学》一书（1597 年），里面写道：“在还未实施宗教改革、进入新教时代之前，女巫、巫师这些魔鬼的手下在英国肆无忌惮，天主教徒甚至和这些鼠辈沆瀣一气，欲谋害新教，所以从上帝处获授君权的国王应该镇压女巫，将她们扫荡一空。”持有如此极端的王权观念的詹姆斯得到了英国国教会神学者和神职人员的支持，就连牛津大学的神学教授也颇欣赏他。就因为詹姆斯支持反天主教和清教的观点，他们似乎就忘了詹姆斯本人是个暴君。

事实上，前任国王伊丽莎白一世也害怕女巫作祟，她颁布法律，把巫术定性为重罪。在伊丽莎白和詹姆斯统治期间，英格兰的猎巫运动最为疯狂。社会对女巫、巫术深信不疑，为基督教统一各个教派、构建宗教共同体起到了推波助澜的作用。在英国革命期间，女巫谣言依然存在，17 世纪时，还有很多魔鬼学文献问世。

绅士阶层崛起

说起来，提到英国，人们脑海里几乎会条件反射般地浮现出“绅士（gentleman）国家”。但其实“gentleman”本来不只是绅士，还是有着大庄园、大房子的地主阶级。那么，“gentleman”是在什么时候，如何形成的呢？

“gentleman”这个词源自“gentry”——乡绅阶层。乡绅阶层的身份原则上属于平民，实际上是位于自耕农之上的地主，在各个区域社会占据着重要话语权，对郡和百户区的治安维护起到核心作用。13世纪后半叶，中央政府组建了全国性治安部门，14世纪正式设置治安法官一职，地位相当于基层法官，而这个职位便由乡绅阶层担任（正因如此，治安法官又称太平绅士）。

图4-4　绅士们的乡村别墅

都铎王朝时期，乡绅是地方行政的主要担纲者，还可参与中央议会（平民院），和贵族一同逐渐成为国家的统治阶级。他们没有贵族那种血统和法律上的身份背书，凭声望、经济实力、气派的房屋、个人品格作风获得了使用纹章的权利，算是实质性的社会认可。渐渐地，成名的律师、神职人员、医生、富商等纷纷成为乡绅。当时的上流阶级中，爵位贵族一共只有120人左右，绝大部分都是乡绅（约2万人）。

乡绅一方面是受社会尊敬的名士，另一方面要履行与身份地位相称的义务，故有“绅士（gentleman）”一称。他们还是民兵预备役，要随时准备服役。不过他们和注重名誉的贵族一样，平常不参与劳动，而是参与国家或地方政治、行政、司法方面的工作，在他们眼里，“做了那些低等的工作，会让我的出身蒙羞”。

他们的一切行动都以“名誉”为目标。郡督、治安法官这些职务是没有俸禄的，他们之所以这么热衷，都是为了通过奉公来获得名誉。平常说话注意敬称和用词，在聚餐宴席等公开礼仪场合严格遵守席位排序。没有公共活动期间，即大半年时间内，他们会纵情山水，早上打猎骑马，晚上开舞会、蒙面舞会或音乐会来打发时间。

16世纪，新兴商人和富起来的佃农加入了乡绅阶层，扩大了成员分布。不过，1680—1740年，土地集中在爵位贵族和顶层乡绅这些大地主手上，普通乡绅的土地份额不断减少。

18世纪后半叶，贵族开始衰退，资本家乘着工业革命的东风积累了大量财富，用各种手段获取土地，成为绅士的一员。随着家族规模扩大，他们雇用了主管、执事、管家、侍从、女仆等高级用人及大量低级用人。另外，社会对绅士的定义也发生了改变，比起土地多寡、血统，更看重行动上的礼仪。

可接受的阶级社会

这一节我们来谈谈英国的阶级社会。在16—17世纪封建社会晚期，英国阶级社会的形成渐趋明显，个人认为适合放在这一节讨论。

纵观整个欧洲，没有一个国家像英国这样阶层固化。当然，其他国家很久之前就有等级制，中世纪，欧洲还把人分成三个等级——教士、战士、劳动力。但是封建社会晚期的英国发展出了单独的分级制。

16世纪的社会理论家一般把英国社会分为绅士（乡绅）、市民（布尔乔亚）、自耕农、工匠和劳动力四个阶层。四个阶层之中，绅士阶层的人数是最少的，内部又以贵族为顶端。与之相对的，雇佣工、学徒、官差、农民的人口占到了八成。每个阶层都有各自恒久不变的特性和德行，就连职业也几乎没有转行或选择的余地。英国国教会向民众宣传，“一生只干一件事”是上帝的意旨，是神圣的宗教义务。18世纪，上至君临天下的国王，下至底层平民百姓，都有了更加详细的身份和职业区分，阶级划分更为细致。

“阶级”一词道尽了人们当时的日常生活和行为举止。在16—18世纪，每个阶级都有明显的相应特征。最明显的就是住宅的大小、装修的豪华程度，可以说住宅成了资产的一个指标。

每个阶级住的房屋、屋顶的高度和窗台的材质都不同，譬如绅士阶层用石制，自耕农用木制。尤其是贵族的宅邸，更像是一个炫耀的场所，里面的家具、餐具、内部装潢、地板和天花板的材质、装饰品等，都是地位的象征。床上用品也有严密的区分，绅士睡高级羽绒床，自耕农睡羽毛床，普通农民睡碎绒毛床，底层劳工只能睡麦草床。就连椅子、蜡烛等家庭用品的质量也要按阶级分三六九等。从平时说话的用词也能听出差别，从口音、说话方式就能判断一个人的出身阶级。

不管商业如何发达，你的职业对于国家发展如何不可或缺，真正决定你社会地位的依然是“土地”。16—18世纪，平民院中有接近八成的议员是地主精英。至于内阁阁僚，直到20世纪初，都为世袭贵族大地主所垄断，军队、官场、教会、法律界的高层亦然。

当然，现在的英国已经不存在阶级制度了，但是阶级意识还存在。（现在的英国竟然还有这么多人接受这种阶级分化，也挺让人吃惊的。）不管是劳工、中产还是上流阶层，都以自己所在的阶级为荣，他们脑海里没有“有钱即上流”的想法。英国的所谓社会秩序，指的是尊重法律、尊重风土人情和尊重阶层之别，这种阶级制度或者说贵族主义是在漫长的历史实践中逐渐构筑起来的，而不是靠政治或军事力量强行搭建的。换言之，这是所谓的“民主性阶级分化”，顶端的国王也不例外。

这种国民性还反映在他们对“适宜”“配得上”的追求上。不管哪个阶级，都认为英国是个礼仪之国，并引以为豪，这其实就是贵族制、阶级制好的一面在全体国民中的反映。即使是现在，贵族的权威、信用、人脉依然有着巨大力量，非贵族、非绅士阶层的普通人相信“他们（贵族们）接受了长时间的治国训练，只有他们才能治理好这个国家，我们也希望由他们来领导我们”。他们是贵族精英，所以不可能做出卑鄙的事，也只有他们才能守护好民主和自由的真意——阶级制度是民主主义的基础。你看，英国人的想法就是这么矛盾。

现在的英国，只有一小部分人过着奢侈的生活，大半民众还是在为生计发愁，失业者也如过江之鲫，其中有一些人受不了英式阶级社会而选择移民到澳大利亚或美国，可是大部分人依然觉得“阶级是个好东西”。英国还真是个神奇的国度。

《济贫法》与懒穷人

那么，国王在这个贵族社会、阶级社会中又扮演着怎样的角色，或者准确点说，应该扮演怎样的角色呢？英国王室一脉原本是从欧洲大陆移民过来的外来人口，也是在英国土地上创造出阶级制度和阶级意识的始作俑者。立于阶级社会顶端的国王一边强调血统的重要性，一边靠着少数贵族的支持实施统治。再者，国王还是整个英国社会中所有名誉的源泉。

从 1500 年起的三百年间，英国经历了巨变，成为一个有着阶级社会的民族国家 —— 大不列颠（英格兰、威尔士、爱尔兰、苏格兰及帝国），国家繁荣起来。在这个有着巨额财富的国家，富裕阶层不可能对穷人视而不见。

16 世纪之后，英国社会陆续做了不少事来帮助穷人。一开始是基督教，基督教的慈善观念认为教徒应该施舍穷人，以求得灵魂上的救赎。富人救济穷人，穷人为富人祈祷，抵消富人的原罪，他将来死后在炼狱受苦的时间也会减少。这种做法可以看成是一种相互的义务，也是一种连锁反应思想及和谐社会思想。

这一基督教式的善举促使法律层面上的救济措施出台，去帮助那些因不可抗力致贫的穷人。1536 年，亨利八世的臣下 —— 前文提过的托马斯 · 克伦威尔便以“应惩罚懒惰的穷人，逼他们去工作，只救济那些因病和年老无法工作的穷人”为由头，颁布了新的法律。当时，很多市民参加慈善运动，到处募捐，过半的募捐者自己只捐了不到两便士。16世纪60至70年代，诺维奇和埃克塞特的试点工作成了早期英国扶贫政策的代表。在埃克塞特，政府创建了一个每周一次的捐款模式，由专门的工作人员在各自的小教区中向居民募捐，募得的款项再拨给穷人。

第一部真正意义上的济贫法颁布于伊丽莎白统治时期（1598年起草，1601年通过的《伊丽莎白济贫法》）。这部法案规定，政府应拿出一部分税金来救济无法劳动的穷人，而有劳动能力的穷人，要强制他们去工作。贫民子弟要定期服役，担任各个教区的教区委员及贫民监督官。

精英们盛赞劳动光荣，是想让别人把自己的活干了。只有劳工阶层认真工作，国家才会繁荣昌盛，绅士阶层才能获得生活必需品，因此必须千方百计地让劳工去干活。

《济贫法》中也强调义务劳动是消除贫困的最好方法，一方面训练劳工，强制他们劳动；另一方面，劳工一旦要求改善待遇，迎来的却是各种刑罚。对于那些“固执不改”的人，将处以左肩烙上“R”字印，发配强制服役的处罚。在济贫院中，时有监督官鞭打穷人，或给穷人加上枷锁的侮辱事件出现。

英国政府在1662年、1697年、1723年、1782年和1834年

数次修订《济贫法》，但每个修正案都不过是1598年和1601年《济贫法》理念的重复——对于懒惰的穷人，不仅不保护，还要惩罚他，强制他去劳动。

窃以为，这一对待穷人的方式和《伊丽莎白济贫法》，正反映了阶级社会的黑暗一面。

第五章　革命带来了什么

查理一世到乔治三世

1625—1820 年

因清教徒革命被斩首的查理一世

清教徒革命，处死国王

17世纪是英国史上最动荡的时期。1625年，詹姆斯一世驾崩，王子查理一世（1625—1649年在位）继位。查理一世和其父一样，秉持斯图亚特家族的传统——君权神授观点，想继续保持君主专制。他皈依英国国教，是新教徒，却娶了天主教法国的公主昂利埃特·玛丽，和加尔文派的关系也不好。

查理对法国和西班牙的用兵均以失败告终。议会虽然同意他征收税金（内帑），但有效期只有一年。查理一怒之下解散了议会，将所有反对者关进监狱，强行贷款。然而，随着军费缺口的不断扩大，查理不得不再一次召集议会。1628年，议会提出《权利请愿书》，要求国王不经议会同意不得征税，不得依个人好恶逮捕任何人。这是英国史上的一份重要文书，堪称中产阶级版的《大宪章》。

但是清教徒控制的议会与国王的矛盾异常尖锐。伦敦主教威廉·罗德和国王串通一气迫害清教徒。当时，国王身边的咨询机构除了枢密院（由16世纪30年代的国王评议会重组而来）之外，还新设立了一个内阁评议会。1633年，罗德任坎特伯雷大主教，往各个小教区派遣委员，想在当地引入天主教式的华丽装饰和庄严仪式，遭到清教徒的强烈反对。另一边，查理足足11年没召开过议会，靠着“侍奉义务”的名义压榨忠心的大贵族（骑士）和向开垦了原属国王直辖地的人征收罚款来渡过资金短缺的难关。

1635年，查理不仅向沿岸城市征收船舶税，连内陆也要征收，引发了一系列反抗。不得已之下，查理于1640年召集议会，但因为双方矛盾积怨甚深，议会过了三个星期就被解散了。然而，因为同年苏格兰出兵占领了英格兰北部，查理苦于军费不足，无奈之下再次召开议会。这次议会一直持续到1653年，史称“长期议会”（此前三星期就被解散的称“短期议会”）。

长期议会要求查理每三年就要召开一次议会，解散议会要经议会同意，同时认定向侵占国王直辖地的土地所有者罚款是非法的，并废除了船舶税。另外，议会还处死了国王宠臣斯特拉福伯爵，提出了限制王权的激进檄文《大抗议书》（1641年）。一系列动作下来，英格兰国内分裂成了议会派和国王派，陷入内战（1642—1651年）。一开始国王派占优势，但随着奥利弗·克伦威尔率铁骑辗转各地击败国王军，形势发生逆转，最后查理一世被捕，经审判后被送上了断头台，史称“清教徒革命”（见本章开篇页绘画）。

克伦威尔建立的共和制

1649 年 3 月，奥利弗·克伦威尔主导废除了君主制，撤销了贵族院，建立起英国史上第一个共和制政府。查理一世之子，即日后的查理二世试图联合苏格兰复辟，但被克伦威尔打败，逃往他处。

议会派领袖、护国公克伦威尔是个狭隘的原教旨主义者，视一切娱乐活动为罪恶，禁止市民的日常娱乐，连剧院都关了，甚至还规定每周六晚 12 点至周一凌晨 1 点这段时间，任何人不得进入酒馆。所谓的“共和制”，实质上不过是清教主义式的军事独裁制。其他人在禁欲，只有克伦威尔一人锦衣玉食俨然君主做派。

1658 年，克伦威尔死后，其子马上辞去护国公一职。1660 年 5 月，查理二世（1660—1685 年）复辟。

斩首国王的清教徒革命，被后世史家称为“打倒了君主专制的市民革命”，但另一方面，清教徒革命也是英国史上最大的污点。这场革命秉持的纯粹主义、原教旨主义不符合英国国情。共和制未能成功在英国国土上生根发芽便是明证，同时也是一大教训。

然而，英格兰在经历清教徒革命之后，对殖民爱尔兰的热情不仅没衰退，反而有愈演愈烈之势。克伦威尔在都柏林任总督，任上残暴不仁，多达60万居民遭屠杀或饿死。另外，他将香农河以东的肥沃土地赐予效忠英格兰者（向英国议会宣誓效忠的新教徒），把敌对者赶到香农河以西、康诺特地区山区里的贫瘠土地上。克伦威尔还着手抹除爱尔兰人的历史记忆，搞了一场爱尔兰版的"焚书坑儒"，许多学校被查封。

殖民地政策扩大

另一个我们不能忽视的，是英法两国紧跟着西班牙和葡萄牙的脚步，开始海外殖民和建立贸易据点，以积累国内财富，发展国内产业。

从17世纪起，英国也开始实行重商主义，国家从组织层面统御生产和交易，以确保殖民地的金银、产品的生产和积蓄，并通过颁发专利许可和垄断经营许可等方式支持特定产业发展，以保证在经济竞争中不致落败。1651年，颁布航海条例实施贸易保护主义，规定只有英格兰的船只可从事贸易，乘势进一步扩大殖民范围，攫取更多金银和物产。

英国在北非的东南部陆陆续续开拓殖民地，又从西班牙手上夺取了位于加勒比海的牙买加，在当地开荒，建立种植园，从非洲运送黑人奴隶到当地，残酷压榨他们的劳动力，而资本家则通过制糖获得了庞大的利润。之后，英国又把手伸到了亚洲，在印度建立了据点。

王政复古

查理二世活力四射，与其父完全相反，人称“欢乐王”。在他治下，原属荷兰殖民地的北美新阿姆斯特丹成了英国殖民地，改名为新约克，即纽约（New York）。他迎娶了葡萄牙国王若昂四世之女、布拉干萨的凯瑟琳，并通过妻子取得了印度的孟买、摩洛哥的丹吉尔两地，奠定了日后大英帝国的基础。

查理赦免了除犯弑君罪以外的罪人，保证了国内的宗教信仰自由。临时议会授予国王实权，贵族院和平民院的权限也恢复了。但因为国王优待天主教，惹来英国国教保守派的不满。在国王授意下，议会在 1661 年通过《自治体法案》，限定基层官吏只能由国教徒担任，又于翌年颁布《信仰划一法》，规定所有神职人员应使用通行版祈祷书，许多神职人员因不满此项规定而辞职。1665 年颁布的《五里法》禁止被教区驱逐的非国教徒神职人员进入该教区方圆五英里范围内。1673 年，《宗教考查法》颁布，在日后很长一段时间里，天主教徒无法担任公职和大学教职员。

在查理的统治下，英国虽然发生了虫害（1665 年）和伦敦大火（1666 年）等灾难，但经济依然稳步上升。不仅农业，商业也愈发繁荣，煤炭、炼钢产业也快速发展起来。

然而，查理二世虽然有很多庶子，却没有嫡子。1685 年，查理二世驾崩后，继位的是他那丧失民望的弟弟詹姆斯二世（1685—1688 年在位）。他违背了登基前许下的诺言，大肆起用天主教徒任实权职位，还在 1687 年发布《信教自由宣言》，停止歧视和处罚天主教徒及非国教的新教徒。

议会里，反对詹姆斯继承王位的阵营组成了辉格党，支持詹姆斯的阵营组成了托利党。托利党成员多是保守派贵族，信奉国教主义，而辉格党成员包括了城市商人、实业家和一部分乡绅，属于主张限制王权、宗教自由的进步派。

光荣革命

1688 年，詹姆斯二世的王子出生。因《信教自由宣言》的规定，英国的王位很有可能由一个天主教徒坐上，国内民众对此十分不满。于是七名新教徒大贵族站了出来，请荷兰总督、奥兰治亲王威廉（查理一世之孙）和妻子玛丽来英国。身为新教徒的威廉夫妇带着五万士兵杀到英格兰，没遭遇多少抵抗便顺利登陆了，詹姆斯则逃到了法国。1689 年，威廉夫妇一同举行了加冕仪式，同坐王位，这便是“光荣革命”（图 5-1）。

1689 年，玛丽二世（1689—1694 年在位）和威廉三世

（1689—1702 年在位）签署《权利宣言》。宣言规定了议会和国民享有的权利。《权利宣言》后来以《权利法案》的形式颁布，国王自此无权废除法律，一切内政移交议会，且国王不经议会同意不得征税，不得拥有常备军。《权利法案》构筑起了英国式君主立宪制传统的框架。

图5-1　玛丽二世和威廉三世

另外，国王每年都要召集议会，在军事、财政方面听议会安排，从两党之一中选拔大臣，并通过议会实施执政党通过的政策。议会内阁制自此开始。再者，出于外交需要，国王也应接受政党政治。

同是 1689 年，另一部法律——《宽容法案》颁布，承认了非国教会新教徒的信仰自由，赋予他们同国教徒几乎无差别的政治、教育权利。1701 年，《王位继承法》颁布，规定英格兰国王“仅限斯图亚特家族的新教徒后裔”，此法奠定了近代立宪制度的基础。

那么，从本书的写作立场上来看，英国史上的两场“大革命”应该怎么定位呢？最重要的应是《大宪章》签署后，国王开始受到议会掣肘，以及所有人的权利通过法律、制度来保障等原则的确立。王权被制约，无法随意滥用。国王必须定期召开议会，并且为了确保财源，国王不得不全面依附于议会。其次，“英国（人）”这一身份认同的理论依据也产生于这个时代。这一点在国王必须是国教会新教徒的决议中便有所反映，在视天主教为大敌的宗教方针里也有所显露。

西班牙王位继承战争与大不列颠联合王国的成立

威廉三世和玛丽夫妇膝下无儿，威廉三世驾崩后，詹姆斯二世的次女安妮（1702—1714 年在位）继位。

安妮女王登基的同时，西班牙王位继承战争爆发，英军主帅马尔博罗公爵连克法军。凭借 1713 年签署的《乌德勒支和约》，英国获得了直布罗陀和梅诺卡岛，还取得了从非洲进口黑奴的权利。

安妮女王成长于新教徒家庭，故其治下国内没有宗教问题，还成了英格兰和苏格兰共同的女王（两国早在 1603 年已结成同君联合体）。

然而苏格兰和英格兰虽然结成了同君联合体，但边境地区依然时有冲突，苏格兰一直处于下风。尤其是 1651 年清教徒革命时，苏格兰被视为保皇党的据点，遭到克伦威尔猛攻；光荣革命后斯图亚特王朝正统的詹姆斯二世被废黜流放，让苏格兰受到很大打击。

17 世纪 90 年代，苏格兰国内发生饥荒，饿殍遍野。苏格兰看到了与英格兰合并的好处，遂于 1707 年提出英格兰、威尔士和苏格兰联合法案，在威斯敏斯特议会通过后正式签署生效，大不列颠联合王国成立，名副其实的统一国家“英国”就此诞生，直到今天。“英国”的第一位君主就是安妮女王。

此后，英格兰人、威尔士人和苏格兰人都是一个议会的议员，向一个国家纳税。不过苏格兰议员的席位还不到一成，话语权很小，他们常常为此感到不快。另外，虽然三国合并了，但是司法制度、教会制度等一系列法律制度还是各自为政。

尽管英国国王必须是国教会教徒，却必须遵守议会制定的宗教方针，即英国国教会和苏格兰国教会（长老派）“都是神圣的，须拥护并维持”。英国国王是英国国教会的“最高统治者”，大主教、主教、助理主教、总司铎等主要神职人员由首相提名、国王任命。相对地，苏格兰国教会的最高统治者不是国王，他们只奉基督一人为至尊。

苏格兰的高地地区一直是詹姆斯党[1]图谋复辟斯图亚特王朝的大本营。直到 18 世纪中叶，詹姆斯党都是英国政治的不稳定因

1 Jacobite，由在光荣革命后失去王位的詹姆斯二世及其男性后裔所组成，目的是重夺王位。—— 译者注

素，他们趁法国、西班牙起兵之际随军参战，和一小部分氏族勾结，占领了爱丁堡等地，但未能进一步进攻英格兰。1745 年，詹姆斯二世之孙查尔斯·斯图亚特在罗马教皇的支持下从欧洲大陆出发，登陆苏格兰西海岸的赫布里底群岛，试图夺位，这却成了詹姆斯党的最后一次挣扎。

在此之后，英格兰的统治阶级为了削弱苏格兰人的民族主义，千方百计地让苏格兰人放弃自己的传统文化（例如禁止穿苏格兰裙、吹风笛，强制苏格兰的成年男性参加帝国军队服兵役等）。另外，苏格兰部族族长属于地主，比起土地，他们更想要财富，于是将耕地开垦为牧场，导致大量农民失业，被迫搬到今天的美国和加拿大居住。

此外，工业革命初期，苏格兰工厂的雇佣工人数增加，虽然规模不大，但亚麻纺织业颇为发达。至于格拉斯哥和爱丁堡等大城市正式走上发展轨道，则要等到 18 世纪末。

议会内阁制的发展

1714 年，安妮女王驾崩，因其膝下无儿，继位人选成了大问题。从血缘上来说，应该由异母弟弟詹姆斯继承，但由于詹姆斯是天主教徒，议会不允许。早在 1701 年的《王位继承法》中就有规定——“只有斯图亚特家族的后裔，精确而言是詹姆斯一世的孙女汉诺威选帝侯妃（索菲）及其直系亲属有王位继承权”，并且继位者必须是英格兰国教会的信徒，并宣誓拥护国教。

所以从法律上来说，索菲的长子——汉诺威选帝侯格奥尔格成了安妮的继任者。格奥尔格竖起白羽箭，登基为王，是为乔治一世（1714—1727年在位）。但是乔治是个德国人，不太会英语，对政治也没什么兴趣，于是治国理政便交给了大臣，连内阁会议也不出席。辉格党和托利党两大政党趁此机会不断积蓄力量。

国王更信任辉格党，任命罗伯特·沃波尔出任第一财政大臣（实质性的首相）。罗伯特之下，内阁依靠下议院的势力逐渐发展，演变成行政权归内阁、内阁对议会负责的议会内阁制。

到1742年为止，沃波尔在首相职位上兢兢业业干了21年，他奉行和平主义，认为战争只会带来无谓的钱财浪费。他首先处理了投机热带来的股价急升急跌的混乱局面（南海泡沫事件），继而扶持工商业，在农业方面推行诺福克轮栽制，发动第二次圈地运动以带动农作物生产。财政状况迅速得到了改善。

尽管在日后，乔治三世时期的一段时间里，财政状况衰退了，但总体而言，托利、辉格两党议会制下的责任内阁制，在这一时代取得了实实在在的发展。即使国王想要介入政治，没有首相同意和议会承认，他也几乎做不了任何事。

不过，国王的力量还是相当大的。虽然不能直接干涉议会选举和阁僚、陆海军军官的选任，但毕竟国王拥有宣战、停战和召集、解散议会的权利，其影响力还在。再者，国王还手握贵族、主教、法官、外交官的提名权，以及特赦罪犯的权力。

英王是德国人

乔治一世是个莽夫军人，不懂得人情世故，其政治力量只是聊胜于无，民望自然不会高到哪儿去。不过，在他治下，社会还是度过了较为平稳的一段时期。

他的儿子乔治二世（1727—1760 年）是个生于德国、长于德国的鹰派，也是最后一个御驾亲征的英王。经过奥地利王位继承战争、七年战争及对法战争之后，乔治二世治下的大英帝国版图扩大了一圈，亨德尔作曲的《天佑国王》（*God Save the King*）响彻全球。

顺带一提，今天的英国王室其实是（始于乔治一世的）汉诺威王朝的直系后裔。因为英德两国在第一次世界大战中是敌对国，所以英国王室把姓氏改成了更具英国特色的“温莎”，一直沿用至今。从乔治一世到四代之后的威廉四世，英国国王都由德国汉诺威王兼任，王后是德裔王族，维多利亚女王的丈夫阿尔伯特也是德国人。英国王室的德国血统直到今天还很浓。简而言之，自威廉一世起，几乎都是“法国人”的英国国王，到了乔治一世，几乎都是“德国人”。

农夫乔治

乔治二世之后的乔治三世（1760—1820 年在位）则是生于英国、长于英国、以英语为母语的国王。然而乔治三世在登基之初，便想着再度复辟君主专制，接连犯错，导致官场内裙带关系盘根错节，腐败丛生。尽管如此，英国还是赢得了对法国的七年战争（始于 1756 年），拿下了魁北克、佛罗里达和法属印度等海外殖民地。1757 年，英军在印度东部的普拉西打败了印军，进一步强化了对印度的统治。1800 年，大不列颠与爱尔兰合并。

1775 年，美国独立战争爆发，1783 年战争结束之后，法国大革命在 1789 年爆发，而乔治三世在这期间患上了遗传病 —— 卟啉病，并在 1788 年精神失常。

1783 年，年仅 24 岁的威廉 · 皮特（即小皮特，大皮特之子）就任首相，在乔治三世发病期间肩负起治国重担。小皮特采用了亚当 · 斯密的自由主义经济政策，与法国签订了自由贸易协议，缩减国债额度、打击走私，取得了一定成果。他重组了东印度公司，加强国家对它的监管，又强化了对加拿大的统治。然而，法国大革命之后，英法两国再次陷入持久战，财政重建的成果化为乌有。

不过，乔治三世比前两位先王更有民望。与两位先王一味躲避普通百姓的目光、背叛他们的期待不同，乔治三世努力向百姓展示自己。在他治下，与国王相关的祭典不管是数量还是规模都大大增加，让百姓看到国王的飒爽英姿，有利于稳定国内秩序，提高军队士气。1797 年 12 月，为了纪念英国海军打败荷兰、法国、西班牙等国的舰队，国王在圣保罗大教堂举行盛大的庆祝会，在 20 万人的注视下，国王珠光宝气地走在伦敦的街头。即便是平时，国王也会时不时出宫，到森林、农场散步，和普通市民说话聊天（图 5–2）。

图5–2　为人直爽的乔治三世

这段时间刚好碰上报纸等大众媒体的普及，极大地满足了人们对王室的好奇心。据说到了 1820 年，英国国内已经有 300 多家报社。乔治三世向大众展现了他并不是一个伟大的人，而是一个重视家庭的好丈夫、好父亲，一个敌不过疾病和时间的普通人，大受民众欢迎，社会上甚至出现了讽刺画，画里他是一个朴素的农夫，他也因此得了“农夫国王”“农夫乔治”的诨名。受民众爱戴的乔治三世逝世于1820年。

殖民地战争与英法对立

在汉诺威王朝，尤其是乔治三世时期，英国卷入对外战争和殖民地争夺之中。如前所述，经历了光荣革命、决定了国家性质之后的英国，基本对外政策可概括为“反法”二字。一直持续到19世纪初拿破仑战争的所谓“第二次英法百年战争”，就是这一政策带来的结果（图5-3）。

图5-3　枭首拿破仑的反法讽刺画

同时我们不能忽视，“第二次英法百年战争”也是争夺殖民地的战争。英国从法国手中夺取了印度、西非、西印度群岛等法属殖民地，将当地的法国人通通赶走。除了对法战争，英国在18世纪80年代末还把澳大利亚和新西兰纳入了殖民版图。这些新殖民地有的被用作犯人的流放地或老兵的安置地，也有人因为想在殖民地赚第一桶金而主动搬迁到当地。

此后，英法两国的争斗还在继续，拿破仑战争（1796—1815年）期间，纳尔逊中将于1805年率领英国海军在西班牙南部海岸特拉法尔加打败了法国海军；1815 年，威灵顿在滑铁卢战役中大败法军，一战成名。英国的国际影响力与日俱增，从加拿大、加勒比海到澳大利亚、新西兰，甚至非洲、印度、东南亚，都在其势力范围内——一个横跨五大洲的大帝国逐渐成形。

“英国民族”的形成

现代英国历史学家琳达·柯林认为，从 1707 年苏格兰通过与英格兰、威尔士合并的《联合法案》到 1837 年维多利亚时代正式开始，是“英国民族”这一身份认同形成的时期。

而这一民族意识，刚好是在与法国差不多 130 年断断续续的战争期间（西班牙王位继承战争、奥地利王位继承战争、七年战争、拿破仑战争等）、在根深蒂固的敌对意识下形成的。

换言之，英法两国的争斗促使英国民族意识觉醒，同时也催生了英格兰银行、高效的全国性财务体制和大型军事部门。另外，英法两国的争斗也是新教徒和天主教徒的宗教战争——这已经不是单纯的政治家或贵族的问题了，而需要全国老百姓众志成城地应对危机——这才是这期间大不列颠居民们聚成一个“民族”的根本原因。

原本这一身份认同，不管是从文化层面还是民族层面，都是不均质的，一不小心就散架了。但现在，英国人终于可以大大方方地说“我们新教徒拼了命也要和世界最强的天主教国家对抗到底，做回自己了”。可能这个观点要分别在几个（短）时期里一点点分析，但总之，在此期间，英国的仇敌就是法国，近代英国文化、社会的形成都有着反法国文化、反法国社会的背景。之后，英国不断取得对法殖民地竞争的胜利，在19世纪呈现出“不列颠治世”的局面，逐渐构建起大英帝国。

英国的新领土已经不再是苏格兰、威尔士、爱尔兰这种岛国的延伸地了，摆在英国人面前的是“该如何治理既非白人也非基督徒的人所居住的广袤土地”这一新课题。

爱尔兰的经历

爱尔兰从12世纪，也就是亨利二世时期开始，便处于英国统治下，可谓英国第一片殖民地，本节就来稍微梳理一下爱尔兰的经历。

清教徒革命后，信仰天主教的爱尔兰人受到信仰新教的英格兰人的迫害，大批贵族逃往欧洲大陆，留下来的爱尔兰人在英格兰地主的远距离指示下从事农业生产，被疯狂压榨，过着穷困潦倒的生活。1695年，英国通过了《天主教刑事法》，在教育和职业等层面对天主教徒的歧视，因而得到了制度的认可。

在法国大革命的影响下，爱尔兰的爱国者于1798年起义，虽然起义被镇压，但大不列颠联合王国心有余悸，遂于1800年制定了《联合法案》，将爱尔兰王国和大不列颠联合王国合并。翌年1月1日，“大不列颠及爱尔兰联合王国”诞生。尽管有些爱尔兰议会的议员以自治权将受到侵害为由反对合并，但该法案最终还是通过了，合并后的议会里，爱尔兰获得了100位以上的议席。

在这之后，爱尔兰依然有不少人就土地问题和自治问题试图解放爱尔兰。这也难怪，毕竟自从清教徒革命后，一直到1829年《天主教解放法》颁布，爱尔兰足足被压抑、歧视了一百几十年，其本身的民族文化几近绝灭，只有极少部分人还偷偷保留着些许。所以爱尔兰对英国的仇视一直没消除，持续到了今天的爱尔兰纷争上。

爱喝红茶的英国淑女

另外，在亚洲不断攫取殖民地的英国对红茶的需求量是最大的。英国在印度设立了中转站，从中国进口茶叶，后来又在印度和锡兰（斯里兰卡）寻找适合种植茶树的地方。

事实上，英国对茶叶（红茶）的需求与国王、王室不无关系。清教徒革命后，查理二世登基，于1662年迎娶葡萄牙国王若昂四世之女凯瑟琳。凯瑟琳除了把摩洛哥的丹吉尔和印度的孟买当陪嫁之外，还把饮茶的习惯带进了英国王室。

当时，红茶的价格非常高，就连王公贵族都不一定喝得起，可是住在萨默塞特宫的凯瑟琳王后本人一天就要喝几杯。若是有贵族、绅士来拜访，王后还会用红茶来招待他们。下一任英王威廉、玛丽夫妇也从祖国荷兰大量进口红茶。玛丽的妹妹安娜女王还养成了每天吃早点都要配红茶的习惯。

图5-4　正在品茶的19世纪上流阶层

绅士们在和王室的交际中品尝了红茶（图 5-4），对它的香味念念不忘，于是千方百计地到处求购。不过红茶并没有很快普及寻常百姓家。一开始，红茶作为感冒、眼疾、溃疡、通风、结石、肠胃病的治疗药及防腐剂被使用，在 18 世纪之前都属于奢侈品。18 世纪初开始，红茶消费量激增，跃升为 18 世纪 20 年代进口货物的首位；1760 年，红茶占了东印度公司进口总额度的 40% 左右；到了 18 世纪末，不管性别、年龄、身份，平均每人一年要消费 1~2 磅[1]茶叶。

红茶改变了英国人的家庭生活和社交方式。自 1660 年起的几十年间，咖啡一直是英国人钟爱的饮料，咖啡屋遍地开花，但这之后，咖啡屋也开始卖红茶了。那时的咖啡屋成了男性们的社交场所，随便一家咖啡屋都能看到各个阶层、各个职业的男性捧着

1　1 磅 =0.453 6 千克。——编者注

一杯咖啡或红茶谈天说地，当中尤以市民阶级为多。然而，此时的咖啡屋并没有女性的容身之处。

18 世纪初至 18 世纪中叶这段时间，饮茶风靡英国国内的普通家庭，女性成了饮茶的主力军 —— 早餐和家人喝，下午和朋友喝，谁家的女主人能泡一手好茶是能供炫耀的，午后的茶桌也成了闲聊和信息交换的场所。就这样，红茶成了英国的国民饮料，能与啤酒比肩。18 世纪 20 年代起，咖啡屋陷入低迷，取而代之的是饮茶庭院。在庭院里，人们不但可以品尝到美味的红茶，还能沿路散步，欣赏里头展示的画作、风景和建筑物。

喝下午茶的风气始于 1840 年时的第七代贝德福德公爵夫人安娜。她认为红茶是贵族性、高贵的代名词，泡茶、喝茶的方式反映了一个人应有的礼仪、规矩和家教，还能判断他是不是上流人士。今天我们看到的英国人在下午 3~6 点带着孩子，其乐融融地就着奶油面包和小糕点喝茶的习惯，就来源于此。

这种起源于贵族宅邸的习惯后来渐渐流向中产阶级和劳工阶层，而上流阶级则从准备方式、泡茶细节到茶具、红茶质量等方面来显示自己的优越性。

随着国内的红茶需求量增加、墨西哥银矿枯竭，白银价格暴涨，英国无法向中国支付足够的买茶钱，于是后来有了 1840 年的鸦片战争。

19 世纪，英国人开始在印度、锡兰和东南亚等殖民地种植茶树，其中尤以印度东北部和喜马拉雅山麓的阿萨姆地区最为重要，当地的水土很适宜茶树生长，产出的红茶无论是香气还是色泽都更胜一筹，深受英国人欢迎。茶里若加入砂糖和牛奶，风味更佳。

啤酒与杜松子酒

17 世纪之后，英国人的饮料不只有红茶，还有啤酒。我们从酒吧的数量便可得知啤酒的受欢迎程度。

我们先把时针往回拨一下 —— 啤酒从中世纪起就已经十分受欢迎了。将大麦的麦芽放到水里煮开，往过滤之后的滤液里放入酵母，发酵好之后，啤酒就酿成了。当时有很多修道士都是啤酒酿造能手，农民们也在家自酿啤酒。因为喝生水不卫生，不少人就用啤酒来代替饮用水。

13 世纪后半叶到 14 世纪这段时间，城市里的酒馆客栈和酒坊鳞次栉比，是普通百姓常去的娱乐场所，但后来因酒坊成了赌博、卖淫和犯罪的窝点而走了下坡路，取而代之的是酒庄。一开始，酒庄的数量没法和酒坊相比，但因为目标客户群体是富裕阶层，其发展速度很快，16—17 世纪便后来居上。酒庄最初只提供红酒，后来也卖起了啤酒。

王宫里的啤酒消费量也很大，尤以亨利八世和伊丽莎白一世时期为最多。那时宫内的贵妇们早餐要喝一加仑[1]啤酒，连仆人也能获得半加仑到一加仑。伊丽莎白一世本人更是个酒中豪杰，一大早喝下一夸脱[2]啤酒，依然脸不红气不喘，头脑清醒如常。

在英国人看来，啤酒是一种用来补充营养的食物，喝啤酒能够强身健体。他们甚至认为"不能过像法国人那样耽于喝红酒的纵欲生活"，于是限制了红酒进口。城市里的体力劳动者每天都要喝大量"有益身体的啤酒"，18世纪，伦敦的码头工人平均每人每天要喝六品脱[3]。

啤酒是英国人眼中的"好酒"，而杜松子酒则是"坏酒"。杜松子酒是蒸馏酒，主要从荷兰进口，英国国内也有酿制，但品质大多不好。然而就这么个"坏酒"，却因为酒精度数高、易喝醉，能让穷人和体力劳动者忘却一天的疲累，又因其售价便宜，很快风靡全国。为了满足社会对杜松子酒的需求，大量肮脏劣等的杜松子酒酒馆拔地而起。

杜松子酒喝多了伤身，自然地，杜松子酒酒馆也变成了藏污纳垢之所，进而引发了社会问题。1736年，英国政府颁布了《杜

1　1加仑=4.546 09升。——编者注

2　1夸脱=1.136 5升。——编者注

3　1品脱=0.568 26升。六品脱约为3.4升。——编者注

松子酒取缔法》；18 世纪 40—60 年代，政府强化了对杜松子酒酒馆的干预和规管，此后，一直到 19 世纪初，政府陆续颁布了一系列法律法规，甚至还成立协会来防止杜松子酒带来弊害。

伦敦土生土长的讽刺画家威廉·霍加斯在 1751 年画了《啤酒街》和《杜松子酒巷》两幅对比鲜明的作品（图 5–5）。前者描绘的是人们为庆祝国王乔治二世的生日而举起啤酒杯的场景，画中各行各业的伦敦百姓都精神十足；后者描绘的是因酗杜松子酒而了无生气的百姓过着暗淡日子的光景，画中有喝得酩酊大醉的，也有酒精中毒的死者 —— 仿佛在控诉杜松子酒是地狱来的饮料。

图5–5　左:《啤酒街》; 右:《杜松子酒巷》

圈地运动到工业革命

这一节，我们将把目光投向工业领域。自 15 世纪后半叶至 16 世纪末，英国从羊毛的原料产地蜕变为毛纺织物生产的工业国。身为地主的绅士阶层收回了农民的租地，用栅栏把原租地和共有地围起来改造成牧场，此即“第一次圈地运动”。随着海外市场的扩大，毛纺织物的产量也渐次提升，无地可种的农民被迫成为工场手工业的雇佣劳工，毛纺织业的老板也逐渐成为新兴资产阶级的核心。

不过，这并不意味着农业就此衰退。进入 17 世纪，资本主义式的农业管理、商品农业大放异彩，18 世纪农业革命之后，粮食的产量更是飞跃性提升。1701 年播种机发明后，人们可以在一条直线上撒播等量的种子。此外，又从荷兰引入四圃式轮栽制（最早在诺福克郡试点，故又称诺福克轮栽制），在地里种植豆科植物以提高土壤肥力，然后不加清除直接耕作，反而提高了农作物的产量。到了冬天则改种芜菁，用作家畜的过冬育肥饲料，这样一来，人们一年四季都能获取新鲜的生乳和黄油了。

为了让新式耕作法更高效地运作，1760—1820 年，资本家发起了“第二次圈地运动”。地主和农业资本家希望粮价上升，在这次圈地运动中把开放耕地（公有耕地）全部私有化，雇用农民种植商品粮。

18 世纪中叶—19 世纪工业革命期间，大量新发明、新技术面世（图 5–6），导致很多因圈地运动和农具机械化浪潮而失业的农民流入了煤矿、工厂等新兴工业。

图5-6　工业革命期间，刚科克-格拉斯哥铁路开通

18 世纪中叶起，棉纺织业已经开始了工场制机械生产，随着烧煤蒸汽机械效率的改善，大规模生产成为可能。非洲成为重要的棉花原料产地。直到 1830 年前后的这段时间，英国占了全球主要工业生产的近 50%，是名副其实的“世界工厂”。伯明翰、曼彻斯特、利物浦、利兹、谢菲尔德等工业大城市逐渐成为新的经济中心，人口爆炸式增长，在 19 世纪初已经接近 1400 万人了。

实现工业革命的新技术、新发明，包括焦炭冶铁法、交通网（运河、公路）的完善、蒸汽机带来的铁路网扩张等，与纺织业有关的发明更是接连出现——飞梭、珍妮纺纱机、水力纺纱机、走锭纺纱机、蒸汽织布机等。害怕饭碗被新发明抢去的织布工们掀起了打砸机器的运动——卢德运动。卢德运动在 1811 年最盛，但最终该运动的骨干分子都被严惩，要么被处以绞刑，要么被流放到澳大利亚。和城市的卢德运动并行的还有农村的破坏脱壳机、纵火等一系列暴动，史称“施荣暴动”。

这一系列暴动爆发的原因有很多，例如工业革命、城市人口激增（19 世纪初，城市人口占总人口的 20%，到了中叶升至 50%，1881 年增至 2/3）、工人的劳动环境恶化、劳动时间增长、薪资低下、失业和疾病的困扰等，据说高达 1/4 的工人患上了肠道伤寒。

美国独立战争让英国尝到了失败的滋味，痛定思痛，英国潜心发展工业，推进城市化进程，扩大殖民地以增加消费，一点点重拾信心。但不能忘记的是，这背后隐藏着无数工人的辛酸血泪。在工业化时代，驱动社会运转的主体不再是贵族，而是中产阶级了。

美丽的庭院

如前所述，18 世纪之后，英国不断开拓殖民地，运回了丰富的原料物资，城市化和工业化也在工业革命的浪潮下高歌猛进。尽管如此（或者说正因如此），英国人越来越重视自然了，这反映在他们对庭院的喜爱中。

虽然名为“庭院”，但其实范围很广，从伦敦市内占地面积广阔的皇家公园，到绅士阶层乡村别墅中的庭院，再到普通百姓家的院子，都属于“庭院”的范畴。这些庭院都是经过精心设计的。

时代不同，造园风格的潮流也不同。庭院一般可分为整形式庭院、风景式庭院（或称自然式庭院）两种。在伊丽莎白一世时期至17世纪期间，整形式庭院最受欢迎。这种庭院奉法国凡尔赛宫的几何学设计为宗旨，追求人造美的极致。从18世纪起，风景式庭院后来居上，人们尝试把目之所及的自然风景装到庭院中，不再追求直线、左右对称，取而代之的是通幽曲径、水路、不均衡的树木和花坛的配置（图5-7），当然，弯曲得太过分也不行。

图5-7　英国某处的风景式庭院

王公贵族们喜欢大气的法式庭院和奢华的意式庭院，而绅士阶层则对小巧玲珑、返璞归真的庭院情有独钟。庭院设计避免左右对称，里面有林荫小道、草坪、石庭、瀑布、灌木丛、小丘陵、花圃，花圃里种上各种花草树木，依季轮种——人们尽心打理庭院，好向别人炫耀自己的高雅品位。不厌其烦地调整、修葺，务求重现大巧不工的自然之美，这才是无上的乐趣。

19 世纪，这种绅士农夫的兴趣蔓延到中产阶层，花卉展、花卉中心里会聚了各个阶级的爱花之人。直到今天，人们还常常说“没有英国男人不喜欢打理庭院”，就连住在城市公寓楼里的人都会在阳台摆上各种盆栽。有趣的是，阶级不同，喜欢的花也不同。自然地，园艺也大受女性欢迎，市面上还发行了多种面向女性的园艺杂志。

王室自古以来便对王城附属的园林十分重视，贵族、绅士们以王家园林为模板，千方百计地打造自己的庭院。查理一世的王后亨利埃塔·玛利亚（昂利埃特·玛丽）喜欢造园，1639 年，她让造园家安德烈·莫莱为温布尔顿宫（这座庭院是查理一世买给玛利亚的）设计庭院。斯图亚特王室喜欢法式庭院，修剪过的常绿灌木排列整齐，运河流向也呈直线的巴洛克园林是最爱。园林未极尽奢华应是清教徒革命的影响。清教徒革命期间，白厅、萨默塞特宫、圣詹姆斯宫、温布尔登宫、里士满宫、格林尼治宫、汉普顿宫、肯辛顿宫等处的王家园林都惨遭毁坏，不过王朝复辟之后，又马上修葺重建了。

植物猎人的活跃

王家园林等贵族庭院还是植物集中地，堪称植物学的宝库。以邱园为代表的植物园收藏了大量搜刮自殖民地的珍贵植物标本。有着王室园林或贵族庭院造园经验的“植物猎人”周游列国，满世界搜集植物种子，一开始是为了寻找香辛料和药用、食用植物，后来变成了搜索珍奇又美观的植物。植物猎人们后来转行当园艺商人，开办种植园，出售珍奇植物。18 世纪后半叶是植物买卖最繁荣的时期。进入 19 世纪，英国成立了几个园艺协会，互通消息，向大众普及园艺知识，举办珍奇植物展销会，又创办了园艺杂志、植物学杂志。

约瑟夫·班克斯（1743—1820 年）是英国植物搜集史上的泰山北斗。他曾任邱园园长，派遣植物猎人到世界各地搜集植物，将邱园建设成了全球植物信息库。班克斯的植物搜集行动得到了国王乔治三世的支持，随着新植物的不断流入，植物学界、园艺界和造园界都取得了发展。

班克斯和国王热衷于搜集全球植物，集中到英国的植物园里，背后隐含着一个信息 —— 英国（国王）正在积累信息，以便日后统一世界、无缝监视每一个角落。

伟业象征——动物园

本节我们来谈谈和植物园一样与王室关联匪浅的动物园。

大英帝国在扩张版图的同时，不仅带了植物标本，也抓了不少野生动物运回本国以供繁育、研究。这也意味着英国已经有能力统治远在天边的地区，其商业、经济圈已扩充到亚洲范围。

英国在中世纪时已有皇家动物园，但直到17世纪后半叶，外国的动物陆续出现在园内，动物园才真正成为国王伟业的象征。动物园里受欢迎的动物象征着各自诞生的土地，通过展出来自全球各地的动物，来向英国普通民众展示英国统领全球的霸权，以唤起他们的国家自豪感。

1828年，皇家公园——摄政公园里开了一所动物园，这就是今天伦敦动物园的前身。这所动物园大受欢迎，每天都人潮汹涌。甚至日后维多利亚女王和爱德华七世都认同"动物园收容了取自热带诸国王公贵族们手上的狮子、斑马、老虎、豹子等动物，是我大英国际地位及我大英国王室地位的象征"。

个人主义者的社交

英国人常常被视为"不喜社交的无聊人"。可能日本人会觉得英国人“幽默，有品位”，但是欧洲人却不那么想，反而说英国人“重视隐私，善于压抑自己”，典型例子就是英式餐桌礼仪。

大部分欧洲人都喜欢一边吃饭一边聊天，例如法国人就很注重餐桌对话，主人会留意对话的气氛，可是英国人吃饭最多也就跟旁边的人小声絮叨两句，他们觉得早餐就应该一句话不说，早点儿吃完才对。在咖啡屋、餐厅这些地方，英国人也很注重不打扰他人，会人为地划分出一个个小区域。也正因如此，人们觉得英国人的派对很无聊。可事实上，没有哪个国家的人像英国人这么喜欢开晚餐会。无论是公开宴会还是私人宴席，频率都很高，他们也很期待赴宴。

“英国人是个人主义者”，却有着“社交的氛围”，各种自发性聚会、俱乐部、社团让人目不暇接。英国人知道自己不擅社交，所以才不断地创办俱乐部、开派对，积极参与社交活动。英国的社交活动在19世纪前后最频繁，但起源却能追溯到很早以前。

中世纪末，英国国内有不少兼具宗教组织和慈善互助团体性质的行会、兄弟会。宗教改革之后，这些团体都被解散了，原来的成员们只好换个马甲另起炉灶，这便是最早的社交根据地。17世纪之后，不同目的、兴趣的团体如雨后春笋般出现，有的是兴趣聚会，有的是慈善组织，也有的是聚餐会。咖啡屋和酒吧也在这段时间拥有了社交属性。18 世纪，庭院、绿道、剧院、音乐厅、集会广场等地成了默认的社交场所。人们可以自己选择参加哪个团体，和谁打交道，并在其中彰显自己的个性。所以法国思想家孟德斯鸠在《论法的精神》（1748 年）中便说，英国人享受自由与闲逸，人人都视自己为君主。这乍看起来似乎是彻底的个人主义，不过对他们来说，个人主义和集体主义并不矛盾。

18 世纪的英国还出现了爱国主义性质的团体，而且主要由商人组成。英国人以“反法”作为身份认同。1745 年，查理 · 斯图亚特试图起兵复辟时，伦敦的大商人组建了“反法国（的）天主教协会”这么一个偏执狂式的团体。除此之外，还有工艺协会、海洋协会、军人协会等组织，全都以“反法”为宗旨。

当然，各地还有很多不旨在“反法”的俱乐部，例如玫瑰种植、运动、哲学、飞镖……这些组织内部的成员平等互爱，可是不愿太显眼，较排斥外部人员。一些团体甚至有王室扶持，例如海洋协会就曾获得过乔治二世 1000 英镑、王孙 400 英镑的资助。

慈善活动的深层

17 世纪，各种团体、组织的纷纷出现，与这个时代的英国人热衷于参加慈善活动、贡献社会不无关系。对集体的贡献，引申为对集体外部的孤寡老弱者的慈爱。

即使现在，英国人也是个富有爱心的民族。在其他国家本应属于国家责任的事（例如帮扶穷人、病人、残疾人等），在英国，很多情况下是市民自发组织慈善活动去完成的。这似乎和英国绅士阶层免费担纲政治的历史传统有关。参加这种高贵无私的奉献活动，对英国人来说无比喜悦。

不过世间也有声音批判英国人的慈善只不过是为了营造噱头、彰显自我。英国各地的教堂墙上挂满了当地大家族的姓名，像是在宣告某家族某人做了什么了不得的慈善。无人匿名的慈善，似乎不太受社会认可。

在经历清教徒革命、光荣革命等一连串革命之后，到19世纪初的这段时间里，英国的慈善团体逐渐成形。在中世纪，英国和欧洲其他国家一样，主要通过教会和修道院举办慈善活动，但是宗教改革之后，慈善事业开始去宗教化，改为由民间力量承接举办。

日本的英国近代史学者金泽周作著的《慈善与近代英国》（《チャリティとイギリス近代》）[1]把英格兰的慈善组织分为五种类型，读者可以发现这五种慈善组织虽然成立时间各异，但总体上

1　京都大学学术出版会，2008年版。——编者注

均集中在18世纪后半叶—19世纪。这段时间，工业化带来了一系列社会问题，贫富差距加大，慈善事业也相应迎来爆发性增长。其救助对象包括英国同胞中的穷人、病人、孤儿、老人、妓女、受灾者，甚至动物。政府的扶贫属于“行政”，民间力量主导慈善称为“博济”。

顺带一提，“博济”在今天的英国也有很高的存在感。今天我们看到的慈善协会、慈善行动，有很多起源于英国，例如防止虐待动物协会、救世军、基督教青年会（Y.M.C.A）、帮助流浪汉自食其力的杂志《大志》等。此外，旨在救助非洲饥荒或帮助全世界脱贫的义演活动也很常见。

当然，也有声音批判英国人的乐善好施是伪善之举，掩盖了现实中导致贫困的最根本问题——剥削行为。现在无论是在英国，还是别的国家，“对普通人冷淡，对弱者热情”已经成了英国人的身份标签，似乎一时半会儿也撕不下来。

福利君主制

因此，难怪处于全英百姓核心地位的王室热衷于做慈善。中世纪之前，英国王室便有在复活节前的星期四，举行濯足仪式和“国王神通治疗老鼠疮”的传统，那时常常还会分发粮食和钱财。不过，这种国王亲自参与的宗教惯例，等到1760年乔治三世登基

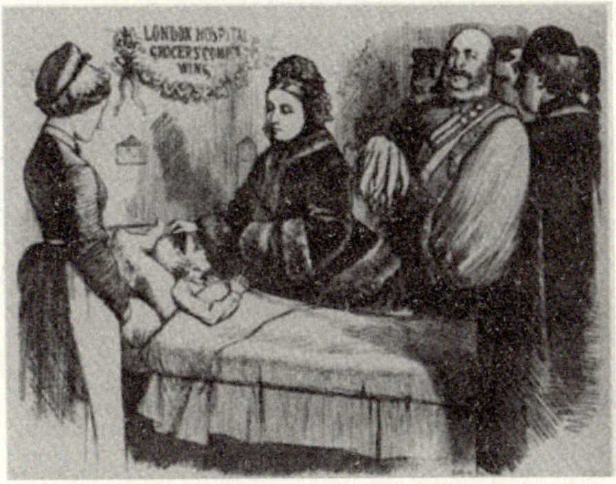

图5-8　维多利亚女王在伦敦的医院探望患病儿童

后，才逐渐转变成世俗性、社会性的慈善事业。

法兰克·普罗哈斯卡在《国王恩赐：福利君主制的形成》（*Royal Bounty: The Making of a Welfare Monarchy*）[1] 一书中指出，慈善团体的规模在乔治三世统治期间不断扩大，所以当时被称为“施舍时代”或“慈善时代”。乔治三世本人也是个悲天悯人的国王。据流传下来的记录，1763—1772 年，乔治三世的个人收入是 48000 英镑，扣除掉宫内仆人的工资等杂费，还剩 27500 英镑，而这笔钱大部分都被乔治三世捐给了私营慈善单位。他参加了九项慈善事业，创办了皇家詹纳协会（应得名于疫苗之父爱德华·詹纳）、天花预防接种医院、圣乔治医院、孤儿院、济贫促进协会等，更是大力扶持面向穷人的教育工作。

1　耶鲁大学出版社，1995 年版。——编者注乔治三世的曾外孙爱德华七世在位期间，赞助了差不多250个慈善团体，每年捐款给250场福利活动，是英国甚至大英帝国历史上最大的慈善家国王。爱德华七世希望能够为家贫的病人出一份力，改善他们的医疗条件，遂设立了医院医疗研究基金，很多移民到英国的外国富豪都投资了这笔基金，募得了巨额款项。

1910年，爱德华七世驾崩，当时这笔基金已经募得了200万英镑，管理层决定每年拨款约15万英镑给伦敦的任意一家捐助医院。在国王的带动下，贵族们也纷纷参与博济活动。不过，贵族参与慈善是有私心的，他们想要得到荣誉性回报，例如获封骑士。

此后，历代国王、王族们均积极参与慈善活动，无一例外。他们赞助了多个志愿团体，甚至亲任会长。直到今天，英国王室依然致力于慈善事业。

国王热心慈善，或许和18世纪之后国王政治力量的不断减弱有关。为博得以中产阶级为中心的各阶层的好感，让他们认可国王是“百姓的父（母）”，做慈善是最有效的手段了。因此，很多慈善组织、慈善团体的会长或赞助方是王族，贵族、乡绅、富裕市民则担任管理层或运营委员，而中产阶级则出钱捐赠这些散发着贵族气息的组织、团体，用以辅助穷人、弱势群体和病人……

这一慈善结构还有维系现存阶级社会的作用。

简而言之，慈善是联结英国这个阶级社会里每一阶层的胶水，然后诸如教育公平、反奴隶制这些普罗大众追求的公义，都集中在国王一人身上，使国王得以凝聚民心。19 世纪后半叶开始，王族们开始在印度等帝国殖民地举办慈善活动，借以昭示“国王不仅对英国本土，对殖民地的臣民也满怀慈爱”。

勇猛又残忍的人

既然英国人这么注重慈善事业，想必他们一定是个善良的民族吧 —— 这么想你就错了，事实上英国人正是以残酷无情著称，本节我们就来说说英国人的好斗性。

在中世纪骑士道盛行的时代自不必说，即便是在伊丽莎白时代，因为佣兵和各郡民兵力量的崛起，贵族没什么表现机会，英国贵族们依然认为战斗才是彰显身份的最好方式，他们在府邸内收藏了大量的武器装备，平时没事看两眼。身为贵族，经历过出生入死的战火洗礼，要是连死亡的试炼都跨不过去，那就是让家族蒙羞。即使到了 18 世纪，火器的发达让武将单挑变得毫无意义，勇猛果断依然受贵族尊崇。贵族之间常常决斗 —— 不仅是贵族，一个男人只要他勇敢、脾气大、好斗，就会人人夸赞，暴力被认为是一种男子气概，不喜欢暴力的会被嘲为娘娘腔。

历史学家基斯·托马斯在其著作《终焉：前近代英格兰人的心性》（*The Ends of Life: Roads to Fulfillment in Early Modern England*）中提及，1571 年，一位牧师约翰·诺斯布鲁克叹息当时的道德观："一个耀武扬威、撩是斗非的人会被视为正直的人；一个敢杀人、敢剪径（拦路抢劫）的人会被认为是勇敢的好汉。"1690 年，胡格诺派教徒 M. 米松说："只要呈现出战斗的模样，无论是什么，英国人都甘之如饴。"因《鲁滨孙漂流记》知名的 18 世纪前半叶作家丹尼尔·笛福也说："我国的男子是最强最好的。假如让我国男子和他国男子在一个房间或一个舞台上裸着上身徒手搏击，在条件相同的前提下，我国男子是所向披靡的。"维多利亚王朝的约翰·迈纳斯勋爵也说："战斗是为英国人量身定造的工作，我们不会为和平的技术奉献自身。"

在封建社会晚期，"勇猛即男子气概"这个想法在英国深入人心，好战、大胆成了英国的国民性。而且这一好战心理一直持续到近代甚至当代，不仅在国内流传，还流毒国外。

国王参军

国王也不例外——甚至可以说，国王才是最典型的军人，毕竟，没在战场上指挥军队打败过敌人的国王是不称职的。社会对君主的期待是在战场上威风凛凛、浴血奋战，所以英王常常一马当先。

中世纪的狮心王查理就是勇猛的骑士典范；封建社会晚期伊始，亨利八世也因为参军而博得名望；英军打败西班牙无敌舰队时，亨利八世的女儿伊丽莎白一世亲自穿着铠甲、骑着军马，现身于伦敦蒂尔伯里港（图5-9）；安娜女王更是勇猛，亲自指挥军队；安娜之父詹姆斯二世曾以海军大臣的身份率领英军舰队参与对荷作战；乔治二世在奥地利王位继承战争中的著名战役——爆发于德国拜仁地区的德廷根战役中策马来回，立于前线指挥，他也是最后一位御驾亲征的英王。尽管如此，乔治二世之后的英王依然尚武，他们在还是王储之时便要参军上阵，经历火和血的洗礼。

图5-9　伊丽莎白一世在蒂尔伯里

所以说，英国人的好战性格就像瀑布一样，从顶层的国王等贵族阶级不断向下蔓延，随着历史进程不断向低层扩散而形成。他们对体罚的态度与这种好战性格不无关系。拿破仑时代的法国，如火如荼的废除军队鞭刑的呼声在英国没掀起什么波澜，英国军人犯了事依然要被鞭打。本章后文我们将提到，英国公学内也存在体罚，学生打架更是家常便饭。

一根筋的英国人

英国人的暴力风俗使得他们在国外风评被害——“英国人是个让人难以忍受的民族。他们在国内反暴君，但到了国外，他们自己就是最残忍的暴君”。

只不过，英国人往自己的好战、残忍之上“糊”上了一层宽大、雅量的仁义道德。英国人为求胜利，是不择手段的，但一旦对手投降，他们就会以一种非常绅士的态度来对待。无论哪个阶级的英国人，他们在孩提时代便被教育，对已征服的对手要宽宏大量，或许正是因为这样，英国抛弃殖民主义的过程也比较快。

另外，英国人的报复心理没那么强。他们即使遇到难题也只会想着怎么使利益最大化，不会产生什么隔夜仇。对于被他们打倒的人会一直记恨自己，他们感到迷惑不解，不明白他们为什么要拘泥于过去，毕竟英国人的做法是“台上是对手，台下是朋友”。

对死亡入魅了的人

我个人觉得英国人的好战性格和17世纪末起抑郁症成了英国的“国民病”有关。彼时，有很多英国人被诊断出患了焦虑症或抑郁症，更有人因此而自杀。于是社会各界都开始讨论为何英国人不能像其他国家那样享受人生，而选择走上自我毁灭的道路。人们做了很多猜测，例如天气阴沉、大城市煤炭污染，甚至不喝红酒喝啤酒。

不知道是不是因为患抑郁的人多了，英国人开始对死亡入魅。英国的上流阶级之中产生了喜好丧葬纹章[1]之风，不仅家中到处摆放着丧葬纹章，自己也常身穿黑色丧服。更可怕的是，这种风气还逐渐扩散。人们还对墓地感兴趣，无论是贵族还是平民都喜欢到墓地散步。我们将在下一章提到，英国文学之所以在推理小说、侦探小说领域取得如此高的成就，与他们对死亡的关注密不可分。

或许正是这种厌世观才造就了英国人的功利主义和现实主义吧。

公学的作用

公学是培养绅士阶层的学校，虽然名字叫“公学”，但其实是私立学校。公学没有一个严格的法律定义，一般被认为是精英私立学校的同义词。目前，英国绝大多数儿童都上公立学校，只有一小部分才上公学。公学是英国政治、社会、经济等领域精英的摇篮，高级公务员、法官，以及军队、英国国教会、汇兑银行的高层，几乎都毕业于公学。

1 Hatchment，印有死者家纹的菱形小板。—— 译者注寄宿制公学是公学中的一个典型，早在中世纪末已存在。本来上流阶级是雇家庭教师来教育子女的，但从 17 世纪起，上流家族子弟开始去公学上学，到 18 世纪后半叶—19 世纪初这段时间，公学成了贵族、绅士阶层的专属学校。

历史上比较著名的公学有 14 世纪创校的温切斯特公学、15 世纪创校、培养了最多英国首相的伊顿公学、16 世纪创校的舒兹伯利公学、威斯敏斯特公学、拉格比公学、哈罗公学等。这些名牌公学的毕业生很多都进了牛津、剑桥这两所顶尖高校，在公务员考试中还有优待，如果这些毕业生不当公务员而去找工作，也能轻易找到名利兼收的高职。公学原来是男校，不过最近都慢慢改成男女同校了。

公学教育围绕希腊语、拉丁语展开，比起文学研究、思想研究，公学更注重记忆力和注意力的培养。地位在古典教育之上的是体育，很多公学整个下午就只有体育课——板球、足球、橄榄球、曲棍球、游泳、划船、越野……他们相信流汗可以提高体力、培养学生的集体观念。每栋宿舍[1]有几十人一起生活，学习服从宿管的管理、保持严密的前后辈上下关系，为日后以精英身份走上社会做准备（图 5-10）。

1　隶属于公学，由宿管（house master）负责管理，各个年级入住相同人数。——译者注

图5-10　19世纪发生在某所公学内的“校园欺凌”，“受欺凌”学生的手脚被抓住，整个身体被摔下，其他人在他将要落地的最后一刻接住他

公学内从早上起床到晚上就寝都有严格的时间安排，上课、用餐和宿管的面谈，甚至连洗澡、发零花钱都有时间规定。另外，服装、行为举止也有规范。如果有学生敢不听话，迎接他的将是一顿毫不留情的鞭打。

我们之前提过，英国人喜欢社交和热衷成立小团体，这其实从侧面说明了英国人家庭观念的薄弱。父母和孩子平时不常说话，夫妻两人大眼瞪小眼，走亲戚更是最讨厌的事。这如果让注重家庭的意大利人听到，他们肯定瞠目结舌——这样的家庭还能不散？

公学的出现助长了这种风气。贵族、绅士阶层的孩子都集中到公学接受统一教育，家风教育随之被稀释，渐渐地，孩子的性格便在公学而非家庭形成。

于是，一批批绅士而又整齐划一的男性像流水线一样被培养出来，他们脑海里被灌输了爱国、战斗、公平竞争、团队协作、服从领导等思想，以便为大英帝国的建设添砖加瓦。

重视现实的经验论

从17世纪到今天，英国有很多文字工作者——记者、史学家、作家、诗人等都说过，无意识地墨守经验论传统是典型的英国式思维。19世纪前半叶，德国哲学家黑格尔在《历史哲学》中便指出，英国人把法国大革命中所提出的一切理论原则当作马耳东风，并排斥现实的自由制度。或许英国人看到黑格尔的指责，会用“法国大革命想要实现的自由宪法之类，我们国家早就有了”来反驳吧。但我们得强调，英国宪法的基础是各地区的本土特权和习惯法，与法国那种基于中央集权国家原则而衍生出来的普遍原理及法律有很大区别。《大宪章》和《权利法案》就是应一部分贵族的要求出台的，而普通法也源于中世纪以来王室法院依照传统、习惯、先例做出的判决，并由此发展起来的法律范畴（判例法）。英国的“宪法”，是像《大宪章》《权利法案》《王位继承法》那样，在议会制定的成文法中糅合进普通法、习惯法元素而成的“四不像”。

在英国人看来，抽象、普遍的原理完全吸引不了人。他们和有着合理主义传统的法国相反，追求的是经验和实践。与其按照逻辑一步步地探寻依据、归纳观念、实际演绎，倒不如想想怎么才能达到自己的目的，正因如此，英国人才做到了不被法律、原则所束缚，更重视习惯法，还能以第三方的角度，尽可能冷静地观察事物本身及现实与经验之间的差别。一言以蔽之，英国人轻视教理，重视常识。

窃以为，清教徒革命后，“与其像法国人那样玩思维游戏，倒不如多想想怎么才能更好地造福群众”成了大多数英国人的观点。于是他们在经验论——一切知识都可以通过经验获得的指导下，开创了一个英式哲学思想流派——功利主义。

功利主义思想家

光荣革命之后，君权神授论不再是信条，人们转而追求民享的实践道德，为逐渐走上轨道的实质性政党政治、代议体制开辟更广阔天地的政治理论开始出现。18 世纪，作为实践性而非思辨性的道德——功利主义在英国大行其道。

约翰·洛克（1632—1704 年）认为国家最重要的问题是如何争取自由，著《政府论》两篇，以个人幸福为鉴来定义自由，同时跳出过往传统的窠臼，重视直接经验，追求公共福利。

洛克之后还有一连串星光熠熠的功利主义思想家名单，如大卫·休谟、埃德蒙·伯克、杰里米·边沁、詹姆斯·穆勒、约翰·斯图亚特·穆勒、赫伯特·斯宾塞……功利主义思想经他们之手不断完善。随着时代发展，功利主义已经变成了比起个人，更重视社会整体幸福和良善的思想。19 世纪后半叶，自由放任成为近代工业时代的指导原理，斯宾塞认为这是自然进化的一环，他在著作中为其披上了一层科学的外衣。

在 18 世纪才崭露头角的功利主义思想，在短短一个世纪后便夺得了社会话语权，不过功利主义在现实政治中的确起到了积极作用，如促进社会改革、督促议会立善法（修正选举法之类）等。另外，功利主义中的对弄虚作假的严厉弹劾，对贫困人口的同情，将政治信条定位成一种人文科学知识，以及接受学术分析等思想依然影响着今天的英国社会。“自由”“公序”“进步”是英国政治思想的口号。

近代初期，英国的另一个代表性学术思潮当数自然科学思想。英国人擅长的“实验”“观察”在自然科学领域上大展拳脚，17 世纪对英国人来说是“科学的世纪”。

弗朗西斯·培根认为学术的目的是丰富人类的生活，著有《论学术的进展》（1605 年）以谋求学术体系化；罗伯特·波意耳继承了培根的经验主义方法论，做了大量化学实验，推进了科学向为人类作贡献的方向发展；詹姆斯一世和查理一世的御医威廉·哈维基于解剖研究，发现了血液循环，颠覆了古希腊以来的血液观点（该观点认为人体的血液系统分为两大体系，未设想过有循环一事）。1645 年，一群数学家和哲学家自发召开了一次科学学术会议，引来了查理二世的关注，并于 1662 年获得特批，成立了伦敦皇家学会。浓厚的学术氛围为英国带来了艾萨克·牛顿，孕育了在 19 世纪提出“进化论”的查尔斯·达尔文。

英式幽默

英国人可能是世界上最具幽默感的民族了，他们自己也挺引以为豪的。可能你会觉得奇怪，这和之前说的英国人“不擅社交，为人无趣”难道不矛盾吗？事实上，英国人养成的“幽默习惯”反而证明了他们不善于和他人打交道，不习惯打开天窗说亮话。为了不让自己吃亏，英国才用幽默来“曲线救国”。可以说，幽默是感情的防波堤，是用来对抗社会他者的盾牌，还能保护自己不受社会上的小人侵害。

英国国内到处都可以看到英式幽默，就像呼吸一样平常而不可或缺。对某些人而言，幽默不是用来活跃气氛，而是用来针砭时弊（代替革命、造反等暴力手段）的工具。事实上，在玫瑰战争结束和清教徒革命期间，王宫里有很多戏子用夸张的动作、机智的笑话来逗笑宫内贵族，安慰消沉的国王。

英国人是个很能忍的民族，他们骨子里用一种游刃有余的态度来看待包括自身在内的所有人及诸般事物。他们会在感情流露的最后一步刹住车，看起来永远保持着一种精神上的平衡，幽默正是诞生于这种“泰山崩于前而色不变”的冷静之中。毕竟英国人一直压抑着自己的感情，需要另寻一个有效的发泄口。

英式幽默常常和现实有交集，对社会的正当性有一定认识，是英式幽默产生的土壤，因此，英式幽默和前文所说的经验论、功利主义传统有所关联。或许在法国人看来，英式幽默都能称得上是一种哲学概念了。一个政治家在演讲中如果能用好幽默因素，能增添说服力、博得群众好感。

今天伊丽莎白女王深受爱戴，其原因之一就是她的幽默细胞，虽然查尔斯王储的幽默偶尔让人听起来不舒服，不过也无伤大雅。

霍加斯的讽刺画

18 世纪，英式幽默结出了第一批果实，画家霍加斯的讽刺画便是当中的典型代表。他的讽刺画深受乡绅阶层和中产阶级的喜爱。

1721 年，霍加斯以铜版画《南海泡沫事件》讽刺了泡沫破裂后的世相而崭露头角。1732 年，六幅成一组的《妓女历程》描绘了一个来自乡下的村姑染上了城市的风气、堕落为妓，留下幼子死去，享年23岁的经过。不过，真正让霍加斯名声大噪的，是1743—1745年的《时髦婚姻》，这也是六幅一组的画作，描绘了上流阶级和暴发户成婚，但两人没有爱情，一个为利，一个为名，最后双方都不好过的故事（图5-11）。1754年问世的四连作《选举》讽刺了现实选举中的腐败。

图5-11 霍加斯《时髦婚姻》

霍加斯以敏锐的洞察力，猛烈地批判了当时的社会丑恶。他的画风虽然看上去颇为粗俗怪诞，整体上却充满了滑稽、喜剧性的幽默感，把英式幽默发挥得淋漓尽致。

得益于霍加斯这个伟大的领头羊，18世纪后半叶至19世纪的英国又出了吉雷、罗兰森、克里克相等讽刺画家。《笨拙》（创刊于1841年）、《名利场》（创刊于1868年）等杂志也广为普通民众所接受。随着面向大众的廉价报纸问世，专门针对政治、仪式的时政讽刺漫画也随之登场，20世纪时又适应了电视媒体，借玩偶、动画的夸张言行来调侃权威，今天甚至还有电视台敢把皇室题材拍成喜剧。

讽刺文学的兴盛

那么，在这个“讽刺时代”，英国产出了什么文学作品呢？历经革命，一直活到君主复辟的17世纪文人出于对前代禁欲主义的报复，写了很多肯定现实社会的讽刺作品。塞缪尔·巴特勒在1662年写的《胡迪布拉斯》辛辣地讽刺了清教徒的伪善和利己主义，查理二世大为欣赏。顺带一提，《胡迪布拉斯》书中的插画是霍加斯所画。

17、18世纪的英国涌现了一大批黑色幽默作家，当中的开山祖师是乔纳森·斯威夫特。他的作品弥漫着黑色幽默，先是以《图书战争》《一只桶的故事》打响名头，然后写出《布商的信》攻击英国政府和无良政商，揭露了他们的贪污腐败问题，并成功让现实中的英国政府改变政策，可谓大获全胜。乔纳森的代表作《格列佛游记》（1726年）在字里行间针砭时弊，通过描写小人国里的愚蠢宫斗、阴谋来讽刺现实乔治一世的统治。另外，他的作品通篇屎尿屁，所以又叫“粪便（scatology）文学”。

讽刺小说、推理小说和世情小说是英国文学的标杆，读起来过瘾，合上书又能回味。这或许也是重视经验论、功利主义的国情使然。

斗鸡、虐熊、猎狐

今天的英国，动物保护运动如火如荼，成立了形形色色的动保委员会，议会也有关于动物权益的立法，让人产生了英国人关心动物多于关心人的印象。然而在历史上，英国人却曾经以虐待动物来取乐。

这里我们要再次提到霍加斯。1751 年，他创作了一套雕版画《残忍的四个阶段》，在第一阶段便描绘了虐待动物的情景（图 5-12）。当然，画作里多少有夸张成分，但和现实相比也八九不离十。有人喜欢用鸡来当靶子与人比射箭——中世纪以来，于星期二比赛“射鸡”或斗鸡在英国十分流行，也有人喜欢用刀具将鸡爪撬出来。

图5-12　霍加斯《残忍的四个阶段·第一阶段》

和斗鸡同样受欢迎的是虐熊，即把熊用铁链锁起来，与猛犬相斗。虐熊始于爱德华一世时期（13 世纪后半叶），在 16 世纪迎来鼎盛。亨利八世喜欢看虐熊，在王宫白厅里设置了专门用来观赏虐熊的隔间。后来人们用公牛代替熊，看起了“虐牛”。詹姆斯一世也很喜欢看动物相斗，用狮子来代替公牛。可见，动物相斗是上至王公贵族、下至平民百姓都喜欢的娱乐节目，深植于英国人的日常生活，这种情况一直持续到19世纪。

猎狐本来是中世纪后期，人们在秋收之后为了把狐狸从田间赶出去才实施的行为，结果在17世纪演变成了绅士阶层的运动，风靡一时。1750年，新犬种“猎狐犬”被培育出来，猎狐运动的热度更上一层楼。

18世纪末，人们纷纷穿上紧身衣，发展出一套细致的猎狐规则。与其说猎狐是一种狩猎行为，倒不如说已经变成了一项要求敏捷性的运动，同时也要求技巧，有些人拿它来炫技。它还能激发人们的勇敢和阳刚之气，国王自然也沉迷到猎狐中了。

动物保护与宠物犬的登场

在虐待动物取乐的风潮之中，出现了一些超前的观念。19世纪20年代起，动物保护团体的活动越来越频繁。1835年，立法禁止任何无理由的动物虐待行为，禁止兴建任何让牛、熊、獾、狗、公鸡互斗的设施。同年，动物保护协会赢得了维多利亚公主和肯特公爵夫人的支持。1840年，维多利亚女王允许协会加上“皇家”头衔。

可是，社会上要求保留猎狐传统的呼声很高，与动物保护团体相持不下，一直到了2004年才由布莱尔内阁通过了禁止猎狐的法案，并在翌年正式实施，不过英国国内对这项法案依然有赞有弹，莫衷一是。事实上，在19世纪动物保护运动兴起之前已经有人提出要爱护动物了，他们更视狗和马为人类的朋友。关于马，我们留在下一章谈体育运动时再讲，这里先讲讲狗。

早在中世纪，修道院里已经开始养狗做宠物。到了文艺复兴时期，养狗更是在上流阶级的女性群体之中风靡。而男性群体喜欢的是猎犬（毕竟是狩猎的好帮手），对养在家里逗着玩的宠物狗则不那么上心。宠物狗花了很长时间才攻下男性群体的心。

查理二世是第一个喜欢上宠物狗的英王。他爱狗如命，一点儿都不忌讳带狗出现在公共场合，这也让他遭遇过几次偷狗事件，每次都悲不自胜，广发王榜寻狗（也不知道最后有没有找到）。查理二世的弟弟詹姆斯二世、詹姆斯二世的继任国王威廉及玛丽夫妇，都是爱狗之人。所谓上行下效，贵族们也纷纷养起了宠物狗。西班牙猎犬中有一个名为“查理王小猎犬”的犬种，顾名思义，这正是查理二世最喜欢的犬种（图5-13）。

图5-13　年少的查理二世（左）与西班牙猎犬

宠物狗热潮在市民阶层中扩散得比较晚，得等到18世纪末前后。19世纪中叶起，宠物狗热潮进一步扩散，在维多利亚时代迎来鼎盛。狗和人一起上饭桌，给狗穿衣服之类，各种养狗当养人的做法随处可见——而且很多人是真的相信狗聪明机警，是人类最忠实的朋友，把狗当孩子养的话，它就会扮演好一个“乖孩子”角色。给狗画肖像流行起来，狗贩子也逐渐增加，纯种的柯利牧羊犬、圣伯纳犬、查理王小猎犬、猎狐梗犬等都能卖个好价钱。

维多利亚女王很喜欢宫内的几条柯利犬、梗犬和一条腊肠狗。王室成员每次都会参加犬展，当中就有维多利亚女王养的狗。结果女王喜欢的柯利犬、博美犬的价格飙升，各爱狗人士看得口水流下三千尺。巴哥犬、俄罗斯猎狼犬、猎鹿犬、黑猎犬等犬种都深受上流阶层的喜爱。

现在的英国王室也很喜欢狗，据说养了十几条。伊丽莎白女王本人从小便和狗玩在一起，是个资深爱狗人士（尤其爱柯基犬）。

创造国民性的时代

个人主义、人际交往、喜欢庭院、好战、看破生死、抱团结社、家庭关系脆弱、慈善活动、现实主义、经验论、功利主义、幽默感、排外优越感……这一系列历史上形成的英国国民性质都是清教徒革命后200年间形成的。因此，这段时间对我们思考英国人、英国社会的当下乃至未来，都无比重要。而且这些性格特点都是由贵族、绅士阶层，及金字塔顶端的王族做出表率的。

窃以为这些特质也反映到了政治处理方式上。英国之所以能够避免发生法国、俄罗斯那样的暴力革命，还能建立起高效而稳定的民主主义，除了得益于以国王为顶点的阶级社会固化，英国人、英国社会的根基在本章所提及的这段时间逐渐形成，也是一个因素。但是，一些外国人认为，英国人的这些特质是“漫无章法、缺乏思考的利己主义，是对世界公民主义的强硬抵抗”。

第六章　建设大英帝国

乔治四世到爱德华七世

1820—1910 年

1851年伦敦世博会水晶宫

天主教解放

上一章我们讲了截至乔治三世时代的故事，这一章我们将从乔治三世之子——乔治四世（1820—1830年在位）开始讲。在乔治三世和继任的王弟威廉四世统治期间，英国掀起了一系列社会改革运动，而英国政府也出台了一系列法律法规来应对。

乔治四世在父王精神病重之际临危受命，以太子身份摄政，积累政治经验。他上任之初的确做了一些事，后来却把国政丢给了首相利物浦伯爵詹金逊，自己跑去布莱顿的英皇阁花天酒地。他异常讨厌王后卡罗琳，甚至不允许她出席加冕礼（图6-1），因此坊间对他没多大好感。不过，他在1822年访问苏格兰之际穿着苏格兰裙和当地酋长见面，让苏格兰人大为感动，为两国关系破冰做出了很大贡献。

图6-1　乔治四世连镜子里的妻子都害怕

乔治四世驾崩后，威廉四世（1830—1837年在位）继位。威廉四世是军人出身，为人豪爽大方，曾单枪匹马地在伦敦穿街过巷，博得市民好感，是打造英王接地气形象的先驱。可惜威廉四世登基时已经64岁，只当了7年国王便溘然长逝。另外，乔治四世和威廉四世两兄弟同时也是德国的汉诺威王。

在这两兄弟统治期间，托利党内阁领导下的社会改革运动逐渐兴起，17世纪末建立起的宗教政策和政治社会体制，此时也发生了变化。除了改革警察制度、减少死刑判决、限制童工、废除奴隶制之外等劳动层面相关的改革，宗教层面也取得了成果——那就是《天主教解放法案》。一开始，国王（乔治四世）和首相都反对赋予天主教徒权利，可是1828年就任首相的惠灵顿公爵不理会时任国王威廉四世的退位威胁，在1829年强行通过了《天主教解放法案》。

这一事件明确反映了国王不再是英国政治里的一方独立权力，之所以会这样，报纸等新闻报道及压力团体的势力加强而孕育出的新舆论起了很大作用。

1828年，《审查法》废除，因而非国教徒可以担任公职，可是天主教徒依旧例外。《天主教解放法案》的通过，意味着男性天主教徒终于有资格担任绝大部分文官了，同时也享有选举权与被选举权。

按道理，《天主教解放法案》是很多爱尔兰人的福音，但实际上歧视爱尔兰的法律依然存在，境内常常爆发起义。1845年起的四年间，马铃薯病导致粮食短缺，引起了大饥荒，有超过100

万人饿死，再加上英国政府救济不得力，事态更是急转直下。

为了活命，以及逃脱歧视，从1840年到1920年，足足有45%的爱尔兰人搬到了国外。有的爱尔兰人搬到了美洲，与都柏林的共和主义者里应外合，共同起义。

1868年，格莱斯顿就任首相，制定了《爱尔兰国教解散法案》，英国国教在爱尔兰境内不再是唯一正统，又制定了《土地改革法》以求改善爱尔兰的窘境。1870年，爱尔兰自治协会成立，要求自治和设立爱尔兰议会，势力不断加强。可惜1886年的《爱尔兰自治法案》在多方面压力下被迫流产。

修订选举法

相较起解放天主教徒，威廉四世治下还有另一项更大的改革举措，那就是1832年的修订选举法（图6-2）。

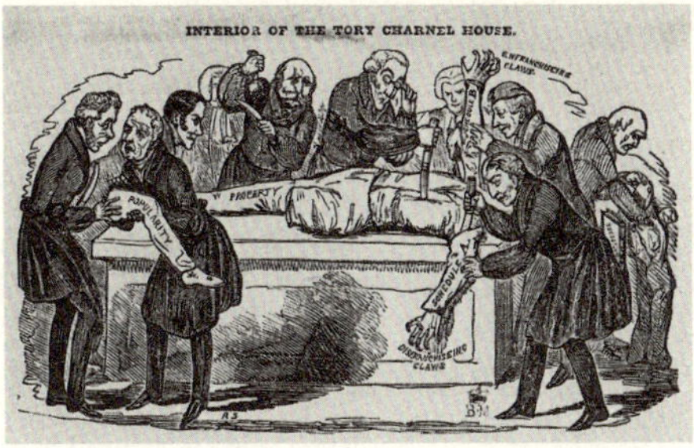

图6-2　一幅讽刺画，反对修订选举法的托利党贵族议员在分尸（修正案）

光荣革命确立了议会权威，可是选民人数只占总人口的3%。彼时，要求民主化、议会改革的运动此起彼伏，尤其是工业革命后崛起的中产阶级商人、金融业者，他们因自己的声音未能反映到政治中而感到不满。另外，英法战争从18世纪末起已经打了1/4个世纪了，参军的普通民众因为没有参政权而深深不忿。

第一次选举法的修订，是辉格党首相查尔斯·格雷顶住多方面压力实行的，国王也不情不愿地同意了修订选举法。这次修订撤除了腐败选区和指定选区，扩大了选举权，使之进一步合理化，让平民院作为百姓代表能够发挥作用。可是，最终结果也不过是将选民从50万人增加到81万人左右，在财产条件的限制下，大多数劳动者依然没有选举权。

从1838年向议会提交《人民宪章》起的约20年间，宪章运动在各地兴起，要求进行中下层大众也能参与的普选，可惜在地主阶级和保守党、英国国教会等既得利益者的镇压下，普选未能实现。

1867年，平民院领袖迪斯雷利主导的第二次选举法修订成功，截至维多利亚女王时期，全国1/3的成年男性都有了选举权，这为工人阶级组建自己的政党打下了基础，政党政治也终于走上了正轨。

此后，尽管政权一直掌握在保守党[1]手上，但是议会中已可见数名工会人员和自由党员的身影。

1870年，议会通过了《初等教育法》，同时废除了买官制，在行政、司法方面也实施了一系列改革。1872年再次修订《选举法》，投票方式改为匿名投票。1884年，选民范围扩大为过半数的男性公民，1918年起扩大至所有男性和一部分女性公民。

回到乔治四世和威廉四世时期。在18世纪末之前，大臣的身份和中世纪时代一样，不过是国王的谏官、顾问，但在这两位国王统治时期，王权明显缩小了——很多大臣的谏言都不合国王心意，而国王还不得不同意，政治交由首相处理也成为定例。1834年，威廉四世成为最后一位违背议会意愿来任命首相的英国君主。这一系列事件促进了近代政党政治的发展。对政党而言，获得议会大多数议席（尤其是在平民院选举中获胜）变得比获得国王的支持更重要。1837年之后，国王已经不再出席阁僚会议，议院内阁制也更臻成熟。

威廉四世通过大大方方地和普通市民见面来为舆论造势的做法，似乎也昭示了日后英王的地位。

1　由托利党在1832年新选举法下的大选后改组而成，同时保守党内的自由贸易派——皮尔派和激进派转投辉格党阵营，共同组建了自由党。——译者注

维多利亚王朝的帝国建设

威廉四世没有嫡子，先王乔治四世唯一的女儿夏洛特公主也早已身故，于是王冠便落到了（乔治三世四子）肯特公爵年过五十才有的女儿——维多利亚（1837—1901 年在位）头上。

维多利亚登基时年仅 18 岁。登基翌年的加冕仪式上，通往威斯敏斯特修道院的路上站满了民众，想要一睹女王风采。待到盛大的庆典结束，礼炮齐鸣，民众自发地齐声唱起了《天佑女王》（*God Save the Queen*）。在国民心中，君主制是理所当然的，他们敬爱国王，想要亲眼看到国王的样子。即便是即位五十周年、六十周年，也会是同样的情景。

维多利亚从没想过自己有一天会当上女王，她在政治方面还是一张白纸，所以事无大小均交给首相墨尔本勋爵打理。她嫁给了萨克森·科堡·哥达公爵的次子——同时也是她的表弟阿尔伯特（1819—1861 年），夫妻二人齐心协力地为帝国建设添砖加瓦。然而天妒英才，阿尔伯特享年仅 42 岁，女王因此一蹶不振，服丧服了半辈子，一副干脆退位的样子。

维多利亚时代在英国史上持续了很久，这段时间，英国在全球不断挥舞霸权大棒。先是第二次墨尔本勋爵内阁发动了鸦片战争（1840—1842 年），插手埃及—土耳其战争（1831—1833

年、1839—1841 年）；接着 1854 年参加克里米亚战争（1853—1856 年）帮助奥斯曼帝国对抗沙俄；1856 年挑起了第二次鸦片战争（1856—1860 年）；1857 年镇压东印度公司的佣兵起义；然后为争夺南非进行布尔战争（1880—1881 年、1899—1902 年）。不过，大部分战争都发生在殖民地，英国本土相对平稳。

1877 年，维多利亚女王加冕为“印度皇帝”。早在 18 世纪初，英国已经在印度和远东地区建起了贸易据点，美洲、西印度群岛也是英属殖民地。

尽管失去了美国，但从整体来看，英国在 19 世纪的殖民地总数是在不断上升的，尤其是 19 世纪后半叶的维多利亚时代，建成了囊括加拿大、大洋洲、非洲、加勒比海及印度等亚洲地区在内的世界最大殖民帝国。如前所述，随着帝国版图的扩张，茶叶贸易和饮茶习俗的范围也随之扩大。

维多利亚女王在位的 64 年间，英国占据了全世界 20% 以上的陆地面积，统治着世界 1/4 的人口。这段时间堪称 16 世纪末以来战胜了西班牙和法国之后，大英帝国的鼎盛时期。

国内的工业也迅速发展。英国君主制沐浴在帝国版图空前广袤这一荣誉之下的同时，也肩负着统一这些错综复杂的领土的任务。君主式、王国式的因素渗透到帝国境内的方方面面，大量冠以女王名号的地名出现，帝国境内的公共建筑、货币甚至邮票，都刻有女王像，就连女王的生日——5月24日都被定为“帝国纪念日”。

1901年，统治了大英帝国半个多世纪的维多利亚女王驾崩。数日后的2月2日，彼时正留学伦敦的夏目漱石陪着房东到海德公园，发现那里早已挤满了为女王送别的群众，公园人数之多令他震惊：“仿佛园内树上挂的果子都是人。”

新国王爱德华七世（1901—1910年在位）继位时，已是耳顺之年，民众对他也没什么期待。他在位期间出访印度、葡萄牙、德国和意大利，签订了和平条约。英国投入了50万大军，和35000人的布尔军打了一年多都打不下来的布尔战争，1902年，在爱德华七世统治时期内，终于打完了。1910年，爱德华驾崩。

道德君主制

这期间，国王在国政上的作用发生了怎样的变化呢？在前两任国王统治时期，政党政治已臻成熟，身为多数党领袖的首相的势力也越来越大。然而，在维多利亚女王时代，国王又有了新角色，那就是社会道德的中坚力量，以及集结全体国民崇敬之情的存在。正因为国王受到全体国民的敬爱和支持，所以国王不仅是国家的象征，还能够在政党斗争中担任调停和公平裁决的角色。

维多利亚女王的丈夫阿尔伯特提出，王室要得到国民的尊敬，就必须遵守四大原则——行义务、讲道德、事勤勉、顾家庭。这四大原则让国王成了道德模范、国民共同的象征，提高了国王的权威，王室丑闻满天飞、坊间流言跑满地的情况也不再出现，就算偶有丑闻爆出，国民内心深处依然尊敬国王，或者努力地想要尊敬他。

满足国民愿望的不再是不知何时就要下台的政治家和政党，而是一直在那里不离不弃的国王。换言之，英国民众们意识到，正因为英国实行民主政治，才需要一个国王来充当他们的感情支柱。随着维多利亚时代大英帝国的高度发展，这种对君主制的执着，在每个英国人的心里扎下了根。

光荣的背后

繁荣的背后总有牺牲。19 世纪中叶，人口不断涌向城市，导致贫民区卫生状况恶化，霍乱等传染病蔓延。即使政府采取了制定《工厂法》（1833 年）、废除《谷物法》（1846 年）、废除《航海条例》（1849、1854 年）、颁布《十小时工作制法》（1847 年）和《公共卫生法》（1848 年）等措施，可是占总人口 3/4 的工人依然享受不到实惠。

19 世纪末，政府陆续出台了各种公共卫生的关联法案，基础设施也逐渐完善，很多工人的生活水平得到了提升，可是仍然有15%~20%的人口只能勉强温饱，8%~10%的人还处于赤贫状态。

这里需要谈一下维多利亚女王自身的认知偏差。在即位50周年庆典上，维多利亚女王偶然瞥见了贫民区的一角，当时她的确感到有点煞风景，可是那也不过是一瞬间的事，她对贫困阶层恶劣的居住条件依旧不闻不问。她甚至反对普及初等教育，认为“过多的教育只会让下层阶级产生不切实际的期待，（普及教育）不仅无法带来利益，还是不道德的。他们要做的不是学习，而是给父母工作搭把手”。所以维多利亚王朝时期，贫富差距非常大，还有“两种国民”的说法。

工业无产阶级的激增迫使政府在1824年废止了《结社禁止法》（1799—1800年），多个工会联合起来组织罢工。不过，罢工热潮在该世纪中叶逐渐降温。1871年，国会通过了《工会法》，保障了工人的集会权，1875年的议会辩论再次确认了工人拥有集会权，导致维多利亚王朝末期至爱德华七世时代期间，工会罢工再次兴起，不管职业、地区，非熟练工和半熟练工都可以入会的总工会出现。

1899年，“劳工代表委员会”成立，并于1906年改称“工党”。工党的目标是通过温和改良逐步实现社会主义，在工党的努力下，国会在20世纪初通过了一系列劳动相关的法律，规定了工作时间上限、最低工资、失业救济金、养老金、社会保险等，在教育层面也出台了相关的改革法案。

迟到的女性解放

应对贫穷之后，才是提高女性地位、女性解放。工业革命史无前例地要求女性提供劳动力，强迫她们在新兴的纤维产业长时间工作。

当然，政府并非没采取任何行动。例如1847年政府颁布禁令，禁止纤维产业一天劳动超过10小时；1867年，这一规定适用于其他产业。1860年之前，一天工作10小时是很普遍的，事实上很多人从早干到晚，为了混口饭吃，有的人回家了也得继续工作。贫穷的女性为了赚钱，什么工种都做，农业、家庭作坊、商店、挖矿、公务员等，不一而足。

当时有声音反对女性外出工作，认为“女人的本分就是做好家务、相夫教子，给丈夫打理好家庭”。很多精英试图阻止上流阶层的女性踏足公共领域、参与工作，他们觉得：“女人一旦在城市工作，很容易因为受到城市的诱惑而堕落，如果任由女人恣意踏足公共领域，那不就变得跟那些浪荡的法国女人一样了吗？”于是，为了维护社会的公序良俗，出现了很多主张性别分工的指南书、教导小册子、劝诫文、论文和小说。

要求允许女性参与政治的运动自然也出现了，但在洪水般的“女性本分论”之下销声匿迹了。当时还有女性作家写的女德册子，认为女性的使命就是扮演好女儿、妻子、母亲三个角色，还搬出了维多利亚女王来做例子，说女王是君主的同时，也是一位贤妻良母。

20 世纪之后，女性追求政治权利的运动真正走向成熟。在乔治五世（伊丽莎白二世女王的祖父）统治时期，于 1918 年满 30 岁、1928 年满 21 岁的女性拥有了参政权，取得了与男性同等的地位。

白人责任论

尽管国内有这么多社会问题，不可否认的是，维多利亚时代的确是英国的鼎盛时期。那么，这个时代的英国人的心理，或者说对殖民地统治的思维又是怎样的？

1815 年，随着拿破仑彻底战败，英国已经打遍天下无敌手了。事实上，在“我们要把大英帝国建设成世界第一”的意识下，英国从来没输过一场大型战争。

工业革命之后，英国成为世界工厂，但美国和德国的紧追不放也让英国感到压力。19 世纪 70 年代中叶起，英国经历了一场历时约 20 年的大萧条，国内市场的缩减自不必说，保守党的迪斯雷利在大选中击败了自由党的格莱斯顿，组建了第二次保守党内阁，并在维多利亚女王的支持下，在帝国主义道路上大步向前——在攫取经济利润的同时，还要满足国民“扬我国威”的愿望。

他们对于实施帝国主义统治多少有点良心不安，但这种不安很快便被“白人责任论”抹平了。所谓“白人责任论”，即“英国作为发达国家，有义务带领低等且未开化的有色人种，帮助他们走上文明开化道路”。这么一来，黑人、黄种人服从白人便是理所当然，从而“自由与文明的使者——英国人，把自己的语言、物品、风俗习惯、技术、工业撒播到全世界，本质上是优秀民族在履行上帝赋予的使命，在帝国境内飘扬的米字旗是自由、公正、正义等美德的象征”。不管是首相帕默斯顿、迪斯雷利，还是开普殖民地总督、钻石业者塞西尔·罗兹，乃至维多利亚女王，都是这么想的。

在这个语境之下，我们应该能明白所谓的“英语帝国主义”是什么意思了。早在亨利八世时期，已经尝试过在威尔士、爱尔兰、苏格兰强推英语作为通用语；到了 19 世纪，又在印度、非洲等海外殖民地强推这门“卓越的语言”，同时整顿教育体系，由内而外地渲染英式价值观，就连在法庭上使用英语、公职人员具备英语知识也成了义务。

在这种氛围之下，英国殖民地里的忠实臣民开始有了“我们的母语与文化和科学无缘，改说英语也是为我们自己好”的思想。

想象的帝国与荣誉

“只有盎格鲁－撒克逊民族能够为世界带来有序的普遍和平，只有大英帝国有资格建成未开化地区的殖民帝国”——民众对这种思想深表赞同，就连音乐厅里也播放着各种民粹歌曲。

1900 年，历史成了学校的必修课，当时的历史教科书给学生灌输英国的伟大之处，告诉他们要踊跃为建设大英帝国做贡献，还鼓吹出生在统治世界各民族的大英帝国腹地内的自豪感、优越感，粉饰接连不断的战争。

图6-3　英国统治下的印度发生饥荒

英国的领土包括英国本土和加拿大、澳大利亚、新西兰、印度、亚非及加勒比海等直属殖民地，是一个世界性的大帝国。同时，英国也是一个“想象的帝国”。和英国国内国王位于顶端，然后是各个贵族阶层，一直到底层的平民百姓一样，帝国范围内也实行着金字塔式的阶级制。其中，英国人自然位于最高位，殖民地内部的人群也分了三六九等，高位者将获授“荣誉”（勋爵位），而勋爵位本身又要分三六九等。除了进驻殖民地的国王代理、殖民地总督、政治家和居住在殖民地的英国名人之外，印度酋长、尼日利亚王族、马来亚苏丹等当地人都有资格获授勋章，而且每次授予仪式都很隆重。

这些“荣誉”的根源自然是英王。从维多利亚女王到乔治六世，英国创建了授勋制并将之推广到域内各处，对授勋非常上心。

此外，英国还会授予外国王室嘉德勋章。这一做法源于英国欲构建以英王为顶点的荣誉体系的帝国主义野心。顺带一提，日本的明治天皇、大正天皇、昭和天皇和平成天皇都曾获英王颁授的嘉德勋章。

离间“撒手锏”

为了能更顺利地扩充殖民地，高歌猛进地实施侵略，英国政府采取了离间政策，即在殖民地内部另行扶植一个团体以制衡当地团体。例如暗地里支持奥斯曼帝国统治下的阿拉伯人团结在麦加谢里夫[1]、哈希姆家族的侯赛因周围，发动起义反抗奥斯曼帝国政府；1882年之后，在塞浦路斯岛推进殖民地化的同时，挑拨当地的希腊裔塞浦路斯人和土耳其裔塞浦路斯人对立，导致现在已经独立的塞浦路斯依然分裂为南北两部分。在南非，英国人召集起一批地痞无赖，改编成军事组织，让他们侵略布尔人的国家，推翻当地政府，自己则从中谋取金矿的支配权。

这一系列操作似曾相识，让人想起了英格兰的一贯作风：中世纪的英格兰认为邻国威尔士、爱尔兰是“神秘”的世界，但同时也是“野蛮未开化之地”，在这一心理的驱动下，千方百计地挑动当地居民之间的矛盾，使他们自相残杀；在克伦威尔建立的短暂共和制时期，他会把不听话的士兵和向英格兰效忠的人送到爱尔兰东部，将原住民赶到贫瘠的西部，企图构筑起“两个爱尔兰”。

淑女旅行者

上一章我们提到英国人不擅社交，这在殖民地也发挥得淋漓尽致。英国人在殖民地建起了只有英国人居住的“英人街”，然

1　谢里夫，阿拉伯语中“贵族”“族长”之意。虽说是“麦加谢里夫”，但实际管理着麦加和麦地那两座圣城。——译者注

后把国内那套自上而下的金字塔式阶层固化搬到了里边。

这种状况让人感觉不到所谓的“白人责任”，更感觉不到真心实意地“帮助未开化人民迈向文明”，反而让人自娱自乐地龟缩在殖民地的一片小天地中。

然而，在帝国建设如火如荼之际，有一批女性毅然决然地走进了殖民地。自19世纪中叶到第一次世界大战前后，以亚洲（尤其是印度）及撒哈拉沙漠以南的非洲为中心，加上西印度群岛、埃及、中东地区，有大批女性进入当地。这些女性的身份多种多样，有殖民地行政官的妻子、传教士、研究当地风俗习惯的人类学家、探险家、教师、护士、改革者等。这些人唯一的相同点是她们都是出身于中产阶级以上家庭的“淑女”（Lady），有修养，有知识。

如前所述，英国女性在本国被认为是“低等性别”，可是一旦女性面对的是不如欧洲文明或英国文明的“劣等人种”，她们好歹也能对发展建设英国做出贡献。她们怀着善意、博爱来到殖民地，却在不经意间成了为英国政府推进其伪善“帝国意识”的先锋。

食不求味的国王

2005年7月，当国际奥组委即将从伦敦和巴黎两者中选出

7 年后的夏季奥运会举办场地时，时任法国总统希拉克说了一句话："英国菜的难吃程度在全欧洲仅次于芬兰菜，我们无法信赖能把这种饭菜咽下去的人。"或许"好吃""难吃"是个十分主观的概念，但就我个人在英国的几次经历而言，我是完全赞同希拉克的。

英国菜真那么难吃吗？如果是真的，又是为什么？自然环境是个很重要的原因——当地的气候风土造成了可种植的作物种类少，可是随着技术革命与农作物的世界性流通，这个问题应该可以被解决才对。

中世纪的英国，王公贵族们以能吃为荣，他们大肆夸张征服者威廉的胃口，另外我们看亨利八世那幅肖像画，画中人大腹便便的样子也反映出他本人胃口有多大。19—20 世纪初的乔治四世、爱德华七世也不例外，尤其是在爱德华七世时期，上流阶级的暴饮暴食传统达到了顶峰，人们竞相增肥，宴席开个不停，和中世纪如出一辙。乔治四世还放言："啤酒和牛肉造就了我国国民。"

与之相对的是，女王的食量就少多了。伊丽莎白一世的晚膳包含两份套餐，每份套餐都有很多肉食，可是女王只吃一点就停下了，红酒也不怎么喝——她喜欢喝啤酒。维多利亚女王对吃的也没什么兴趣，早膳只吃白煮蛋——把鸡蛋放在黄金制的蛋托上用黄金制的小勺子挖着吃。但即便如此，每逢宴席，还是要摆出符合帝国身份的奢华筵席。她重金聘请法国人 M. 梅纳吉为御膳主厨，组建了一班以法国人为主的 45 人厨师团队，为王族、宾客们烹调大餐。

可见，近代以来的国王虽然出了好几个大胃王，但如果把目光放到绅士阶层和中产阶级上，封建社会晚期之后的整体趋势是节制食欲，不追求精细饮食。

英国菜很难吃吗？——味觉破坏教育

造成如此趋势的第一个契机是宗教改革。清教徒革命的领导人奥利弗 · 克伦威尔亲自在圣诞节那天断食，还让别人跟着学。17 世纪的清教牧师理查德 · 巴克斯特曾说："有 15 分钟给我们吃饭已经足够了，花一小时就为了吃顿饭，实在太愚蠢。"他还向信徒鼓吹："美味佳肴是恶魔的陷阱，你们要视而不见，吃粗茶淡饭才能免受坠落地狱之苦。"

在日复一日的洗脑下，人们自然失去了对味觉的追求。宗教改革之后，英国的绅士们认为法国上至王室、下至黎民都是贪图口腹之欲的堕落者，为了显示清高，他们觉得"羊、牛、鹿肉（尤其是腿部这些肉质丰富的部位）煮熟或者烤熟直接吃就好，不需要特地淋酱料"。

绅士阶层子弟就读的公学也成了粗食主义的训练场所。哈罗德·阿克顿爵士回想起在罗恩伍德备考学校时的伙食，说道：“我们那时会偷偷用手帕把人造黄油、带毛猪头或牛头肉，或许还有腿肉绞成的肉冻、腌猪肉、硬邦邦的杂粮粥包起来，扔到厕所。”

即便是现代，最近也有很多英国绅士对食物不太上心，只要有面包、蔬菜汤，再加点豆类、马铃薯和便宜的熏鳕鱼或熏鲱鱼就行了，每周吃一两顿鸡肉或者香肠就算改善伙食。

农民和工人阶级的伙食就更差了。肉类摄入很少，主食依然是中世纪以来的蔬菜炖汤、乳制品、黑麦面包或大麦面包。18 世纪前半叶，人们吃上了大米布丁；18 世纪后半叶，马铃薯走进了寻常百姓家。此后，马铃薯成了工人阶级的代表性食物。19 世纪 60 年代之后，马铃薯和鱼肉成了市场的常见食材，形成了今天英式菜肴的代表——炸鱼薯条（图 6-4）的雏形。

图6-4 炸鱼薯条

不过，真正让英国菜变得如此难吃的罪魁祸首，是维多利亚王朝时期的中产阶级。他们很忌讳在人前露出享受的神情，所以时刻警惕着。他们乘着工业发展的东风赚了一大笔，住进了装修豪华的大屋，可是周围有一大群仇富的穷人在瞅，于是他们为了减轻些许罪恶感，便选择吃粗茶淡饭，不去关心美食。

他们觉得享受美食会导致家道中落乃至社会颓废，于是严格教导子女不得享受味道，更不得狼吞虎咽，潜移默化地抹掉子女们对饮食的兴趣，化解掉食物本身的吸引力，就连育儿书上都写道："断奶餐做得越单调越难吃越好，为了锻炼宝宝坚忍的内心，家长应当喂他们吃身体本能抗拒的食物。"色香味俱无的食物是最好的。蘑菇炖土豆、米布丁、杂粮粥、煮羊肉或烤羊肉、叶菜……全部做得让人毫无食欲可言，让孩子们从小就与"美食"这个概念绝缘。

就这样，17 世纪之后，尤其是在 19 世纪，平民自不必说，贵族的食物摄取量都减少了，他们对味道的追求也越来越无所谓。在英国人眼里，饮食只不过是为了活下去，跟汽车需要加油没区别，将饮食发展成文化更是想都没想过。

伦敦世博会

19 世纪，尤其是维多利亚时期，工业革命成果在整个社会生活层面上开花结果。首先是交通工具的进步：1825 年，英国开通了第一条蒸汽火车铁路斯托克顿—达灵顿铁路；1830 年，第二条铁路曼彻斯特—利物浦铁路开通。1840 年，英国国内的铁路网已达 5000 英里[1]，并且在到 19 世纪后半叶这段时间内不断向周边各地快速延伸。同时，照明也得到改善，19 世纪中叶，路灯换上了瓦斯灯，安全且够亮。

而将这一系列产业化、工业化成果一口气公之于众的，便是 1851 年的世界博览会。时任伦敦档案馆馆长助理的亨利·克勒在调查了 1849 年巴黎的世界工业博览会后，向阿尔伯特提议："我们应该在伦敦办一届超过他们的大型世界博览会，宣示英国已经超过了法国。"翌年，筹备委员会成立，阿尔伯特任会长。1851 年 5 月，伦敦世博会盛大开幕，维多利亚女王和阿尔伯特在民众的欢呼声和喇叭的奏乐声中，从白金汉宫出发，领着大队走到水晶宫出席世博会开幕式，沿途有 50 万民众看到了走在伦敦大街上的王室大队。

世博会的最大看点是会场本身——水晶宫（本章开篇页）。水晶宫由园丁出身的约瑟夫·帕克斯顿设计，用钢材、玻璃筑成，全长约 563 米、宽 124 米，完美覆盖了海德公园里的树木而不造成伤害，会场内展出了从大型蒸汽器械到最新照相机等各种各样的近代工业商品。

这次世博会是英国科技水平的一次展示，如果说大型天文

1　1 英里 =1.609 344 千米。此处约 8000 千米。——编者注

望远镜、回转式灯台、喷水雕塑让人惊奇不已，那么机械展区的蒸汽机车、动力钻、印刷机、火车车轮转盘、纺纱机、动力织布机、自动收割机、拖拉机等复杂机械更让人当场呆立。科学技术展区则展出了显微镜、装饰时钟及各种千奇百怪的医疗器械。

阿尔伯特等人的目的是通过展示英国本土和殖民地的技术、新产品来炫耀英国的力量，不过为了配得上“世界博览”这个名头，还是展出了将近一半的国外产品。这届世博会参展国家一共有 34 个，参展商达一万几千家，从 5 月到 10 月的 141 天之内，入场人数高达 604 万人次。可以说，伦敦世博会成功地向世界宣示了英国“世界工厂”的角色。维多利亚女王本人也喜欢逛世博会，亲自到访水晶宫 30 余次。

贵族们倒是对这些新技术嗤之以鼻，对世博会毫不上心。不过贵族们怎么想，和普通市民也没什么关系。况且，封建社会晚期之前，还要靠贵族支持的王室，19 世纪之后，就得看中产阶级和工人阶级的脸色了。这一点维多利亚女王和阿尔伯特应该很清楚。

1862 年，第二届伦敦世博会召开。不过因为阿尔伯特在此前去世，筹委会与王室的联系断了，所以这次势头没那么强劲。与秉持和平主义原则的第一届伦敦世博会不同，这次世博会展出了参加过克里米亚战争的新式大炮——阿姆斯特朗炮（事实上，第一届世博会也展出了武器，不过只是样品）。

1880年之后，伦敦等一些大城市还开了好几次博览会，展出了殖民地的建筑和工艺品及英国本土的工业、技术结晶，以炫耀帝国的繁荣和统一。1924年，维多利亚女王之孙乔治五世任名誉会长的大英帝国博览会便是其集大成者。

死前想再泡一次吧

话说回来，各位读者觉得英国男人最喜欢去哪里？没错，就是酒吧（pub）。他们的确喜欢收拾家里、修建庭院、摆弄花草，可酒吧的地位不一般，即便是不擅社交的人，都能够在酒吧和人打交道，扫除一天积压下来的心理阴霾，他们可以一边喝酒抽烟，一边和旁人聊聊天气、体育、地方新闻、农业收成之类，兴许还能下手赌两把或唱一嗓子。英国男人简直把酒吧当成了第二个家，一天到晚都泡在里面。即使在今天，也有超过3/4的成年人泡吧。

“pub”这个单词是“public house”的简称，原是17世纪后半叶所有酒馆的总称。酒馆林立或许是对清教徒革命里严格的禁欲主义的反弹。在海军官僚塞缪尔·皮普斯的《日记》（1660—1669年）中，店名中带“星”“弯月”“天鹅”“绿龙”“金狮”“琴与球”“太阳”“主教帽”“天堂”“斧头”等力量含义词语的酒馆，足足有150家。1865年，“pub”这个简称第一次出现。

酒吧出现之前，英国各大城市（尤其是伦敦）的人们喜欢去咖啡屋，一边喝着咖啡、可可或红茶，一边谈论政治、生意之类。17—18世纪，咖啡屋的确风靡一时，可是18世纪后半叶，咖啡屋已经在走下坡路了。和咖啡屋的退潮相反，酒吧成了冉冉上升的新星（图6-5）。

图6-5　19世纪的酒吧

酒吧作为社交场所、小酒馆，本身就很重要，再加上起到了旅馆、歇马处和驿站中转地的作用，所以里头还有小展览、戏曲表演之类的节目。维多利亚时期的一些酒吧一直开到了今天，不过现在已经没有那么多节目，已经变成专门卖酒的地方了。在维多利亚时期，很多工人为了躲工厂里烦人的工作和家里“聒噪的婆娘”，纷纷逃到酒吧。大作家查尔斯·狄更斯（1812—1870年）也是个泡吧族，他在作品里描写了各种各样的酒吧。

既然酒吧的主要顾客群体是工人，酒吧自然转变成面向工人的酒馆风格，这也让中产阶级和上流阶级视之为“污秽且危险之地”，避之唯恐不及。于是，这些绅士转而到会员制俱乐部里聚会了。

英剧里几乎都有酒吧的镜头。酒吧之于英国，就像小餐馆（cafe）之于法国，餐吧（bar）之于意大利。很多人都说想在死之前再泡一次吧，喝一扎啤酒。究其原因，或许是这片休闲、欢乐的小空间凝聚了19世纪英国男性的心思吧。

一家人住得舒适

那么，英国人活着图什么呢？吃首先可以排除掉了。前文说到他们对于酒吧、庭院的执着，他们似乎对于打理自己身边的环境这件事颇为认真。这一节，我们把目光投向他们的家。

比起混凝土和石头，英国人更喜欢贴砖的木构房屋，觉得那样住起来才舒服。所以这种普通民居才是真正有代表性的英式建筑。

英国除了文学之外，在音乐、绘画、雕刻等艺术领域，没什么拿得出手的，也没有孕育出什么世界性的哲学。可是，说到生活文化和实用文化，英国倒是产出了不少优良产品，说其为现实主义、实用主义之国当不为过。日常的普通民居正是其中一个代表。

客厅肯定要有一个暖炉，据说暖炉是全家的灵魂之光，一家人围炉聊天，所以暖炉周边摆着沙发、带扶手的椅子。椅垫、被单、桌布甚至餐巾纸都是手工制作的，得花不少时间，假如当中有一两件传家宝就更好了。比起美观、豪华，人们更重视经久耐用，即使买不起金银餐具，总也买得起锡铅合金餐具。除了餐具之外，文具、马具、狩猎等用具为应市场需求，也做得易上手、够耐用。

18 世纪，英国流行安妮女王式和乔治式家具，这是家具发展史上的黄金时期，舒适、优雅且美观的家具在上流阶层和中流阶层都很受欢迎。当时的代表性家具设计师有齐彭代尔、赫普尔怀特、亚当兄弟等。19 世纪，威廉·莫里斯打响名头，被誉为“现代设计之父”。

要尽可能让自己一家住上最舒服的房子 —— 这一想法催生了“持家”的观念。英国人的家就是一座城堡，正如 1909 年的一首诗歌所写的：“德国人住在德国，罗马人住在罗马，土耳其人住在土耳其，只有英国人住在自己家里头。”英国有如信仰般重视“家庭”（home），对于英国人这种虔诚的新教徒，家庭才是最好、最真实的幸福之地。乍看起来，这似乎和前文所说的英国人家庭观念淡薄相矛盾，但英国人偏偏就要强求，即使家庭破碎，每个成员都要“在家里”（at home）。

“home”这个单词有着能唤起别样情感的语气，这在其他欧洲国家语言里是没有的。例如“home”做形容词时，“home-spun”“home-bred”“home-grown”“home-made”“home-cooked”都是质量保证。特别是在中产阶级非常感性的维多利亚王朝时期，“home”这个单词所蕴含的情感价值深深地刻在了孩子们的记忆中。

最晚在18世纪中叶的英国人心中，“家庭”已经成了一个避风港、桃花源般的存在，家庭题材的小说颇为畅销。家是英国人的舒适区，绝不允许被打乱，所以他们很讨厌有人不请自来。

如画的英国风景

住宅周边的环境也是“home”的一部分。英国人的乡土情结可是非比寻常的。

一望无垠的绿色平原、灌木丛生的荒原、高低不平的丘陵，还有被田野和牧场环绕的森林。这种英式风景整体给人的感觉既重峦叠翠又迤逦绵延，而且四季分明，即使是相似的地貌，也呈现出当地特色，每一处都让人仿佛置身画中（图6-6）。英国人自小便生活在这种优美风光之中，自然视之如珠如宝。

图6-6　英国的田园风光

工业革命带来了人口增加和胡乱开发的问题。为了保护好家乡的自然环境，在1895年成立了英国国民信托组织（National Trust），致力于保护历史名胜和自然景观。《彼得兔的故事》的作者毕翠克丝·波特正是向这个信托组织捐赠了自己的一大片土地，那是全英国数一数二、有着湖光山色美景的地方。

英籍日裔作家石黑一雄在《长日将尽》[1]中，将英国的这种从容宁静、无可替代的景观及其赋予英国人的意义，淋漓尽致地诉诸笔端：

> 映入我眼帘的基本上就是一片片层层叠叠的田野，延绵不绝直到天际。地势起伏平缓，每一块田地都以树篱和树木为界。远处的田野中有一些小点点，我猜想那应该是绵羊。在我右手边，几乎就在地平线上，我想我能看到一座教堂的方塔。
>
> ……使我们的国土显得如此与众不同的，正在于它欠缺那种明显的戏剧性或者奇崛的壮观色彩。各种关键就在于那种静穆的优美，那种高贵的克制。就仿佛这片土地明知道自己的优美，知道自己的伟大，又感觉无须去彰显，去招摇。相形之下，像非洲和美洲这样的地方所呈现的景观，虽然

1 冯涛译，上海译文出版社，2018年版。——译者注

无疑是令人赞叹激赏的，我敢肯定，也正因为它们这种毫无节制的自我标榜，在态度客观的观察者面前，反倒显得相形见绌。

作者借主角之口，用了“特质”这个词来形容英国的风景：“英国那些最优美的风景——就像我今晨所见——拥有一种其他国家的风景所付之阙如的特质，尽管它们表面上看来或许更具戏剧性。我相信，这样的一种特质会使英国的风景在任何客观的观察者眼中，都成为世界上给人印象最深、最令人满意的景色。”

这是一首参加第二次世界大战的英军士兵耳熟能详的歌曲——《英格兰将永存》，里面的一段歌词如此写道：

There'll always be an England	英格兰将永存
While there's a country lane	那里有乡间小道
Wherever there's a cottage small	有我的小房子
Beside a field of grain	就在那田地的旁边

无论是应征参战的士兵，还是投身殖民地建设的英国人，他们都在异乡的土地上幻想着英国美丽的风景，盼望着有一天能回到故乡。

公平竞争的精神

英国人的另一个特征是注重公平竞争。上至贵族，下至农民、城市工人甚至马车夫都知道公平为何物。前文所提到的，由国王、贵族阶层，后来再加上中产阶级分阶段不断完善的法律遗产和国家制度正是公平的保障。英国人引以为豪的英国宪法（各具体法律法规的集合）及各项制度不被认为是上头强行压下来的，而是类似天赋正义的感觉。在这种社会观念之下，英国法律得到巩固。

18—19 世纪革命浪潮席卷欧洲时，法国人提出了抽象的各项人权教义，与之相对地，英国人提出公平才是社会共识的基础，认为人不应该服从于抽象的理念或强大的政府，更不能受之束缚，英国人遵从内心的感受，并将之化作法律、习俗，自发性地遵守。

因此，公平竞争并非遵守外部定下的规则，也不是机械地配合社会生活的需求，而是将之嵌入共同活动之中。公平竞争是英国人最具代表性的气质，往小了说是对集团、团体的归顺，往大了说是对国王所象征的国家的献身。

日常培养这种公平竞争精神的是体育运动，而且不是中世纪那些野蛮的身体碰撞，而是有规则和裁判的现代体育竞技。18—

19 世纪，英国社会十分赞赏注重公平竞争的体育精神。

公平竞争的精神从上到下渗透英国社会，先改造了贵族、绅士阶层的暴力倾向，使其动心忍性，然后慢慢蔓延到全体英国人，成为他们的一个民族特征。

板球、马球、赛马与现代体育竞技的发祥

本节我们来看看英国代表性的体育运动。最具英国特色的体育运动当数板球了（图 6-7）。板球起源于 16 世纪，是那些有钱有闲又脑洞大的绅士玩的游戏。1744 年，板球有了全国统一的规则。在 19 世纪的维多利亚时代，这项神奇的运动被认为是最能体现绅士优美动作的竞技运动，备受推崇。1805 年，校际板球对抗赛成了伊顿公学和哈罗公学两所学校的校内传统。板球比赛节奏很慢，要耐心等待对方出错，常常打上一天都分不出胜负。

图6-7　18世纪的板球

马球是另一个其他国家不太理解的英国特色贵族运动。马球起源于古波斯，英国人在殖民印度时发现了这项运动，并于 19 世纪 60 年代将它传回英国本土，制定了新的规则，就这样传播开

来。一场马球比赛分两队，每队各有四名队员，骑着马，用木杆打球，把球打入对方龙门者得分。

这种悠闲而优雅的贵族运动，国王不可能不来掺一腿。况且马球作为马上竞技，简直是为王族量身打造。伊丽莎白二世女王的丈夫爱丁堡公爵菲利普便是马球高手，其子查尔斯在剑桥大学上学时也当过马球候补选手。查尔斯、戴安娜王妃的儿子威廉王子以及哈里王子，都喜欢打马球。

还有一个王族十分中意的运动，那就是赛马。1574年，伊丽莎白一世在她频繁造访的索尔兹伯里平原的赛马场里建了观众席。历代英王有很多都是赛马爱好者，除了伊丽莎白一世之外，詹姆斯一世、查理一世都是赛马的大拥趸。在他们统治时期，纽马基特赛马场开张了。

复辟后的查理二世也很喜欢赛马，光是观赛、养马、买卖马匹满足不了他，他干脆亲自披挂上场比赛，并在1671年10月14日的纽马基特镇银盘赛上取得了冠军。

赛马与王室的关系，还有两件值得一提的事：一是威廉三世在汉普顿宫开辟了一块地专门用来养马；二是安妮女王亲自创设了皇家阿斯科特赛马场（现在依然为王室所有）。自此之后，国王和王族们对赛马的热爱一直没变，他们支持赛马活动，祈求王室养的马能够夺得桂冠。赛马作为“国王的运动”，可谓名副其实。

当今的女王伊丽莎白也非常喜欢赛马，她还有自己名下的赛驹，每年都对6月的“爱普森德比”（Epsom Derby，又译“叶森打吡”）召开翘首以盼。女王曾经看赛马看得热血沸腾，直接站起来跑到最前排观战的样子就被电视镜头记录了下来，向全英人民直播。

英国被誉为现代体育运动的发祥地，这一节中我们只说了面向贵族的运动，其实足球、网球、橄榄球、赛车等平民运动都起源于英国。

哥特小说到推理小说

本章在前面提出了一个观点，即英国除了文学之外，没有什么伟大的艺术作品拿得出手了。刚好，英国文学最鼎盛时期也是大英帝国的鼎盛时期——维多利亚王朝，而我们已经在第五章提及过这些文学作品的特征，那就是对死亡的热衷、现实主义、重视故事情节。

哥特小说在维多利亚王朝之前曾经风靡一时，还影响了之后的小说写作风格。第一本哥特小说是出生于政治家家庭的贺拉斯·瓦尔浦尔的，1764年出版的《奥特朗托城堡哈里发沉沦记》，书中以破旧的哥特式建筑和荒废了的修道院、地牢等为舞台，描写了山贼、嗜血魔鬼、残忍的宗教裁判刽子手等一系列恐怖、猎奇的情景，让人读来吓得掉一地鸡皮疙瘩，有时候还会加入一些天上掉下来一个大头盔之类的超自然现象情节。

哥特小说笔下的世界不啻噩梦，这反而对社会上的新教背景起到了卡塔西斯效应，使人们得以从新教那严格的教条主义道德律法中获得片刻解放。18 世纪末，哥特小说迎来鼎盛，19 世纪开始走下坡路。

哥特小说热潮虽然衰退了，其开创的猎奇风格却仍未消退，反而愈演愈烈。1828 年，市面上还有一些配有描绘卖血情景的猎奇木版画的连载读物，由于只售 1 便士，很快便在工人群体里流行起来。这些猎奇读物被称为“低俗血腥”（penny blood），后来又改称为“低俗怪谈”（penny dreadful），基本上都是些充满打打杀杀和异想天开情节的三流小说，因为卖得好而大受出版社青睐。卖得最好的一本是爱德华·布尔沃－利顿的《佩勒姆：一位绅士的冒险》（*Pelham; Or, The Adventures of a Gentleman*），时任国王乔治四世十分中意这本书，据说他还在各个行宫都备一册。

维多利亚时期，诸如《吸血鬼凡尼》之类的低俗怪谈书籍依然卖得很好，市面上还陆续推出了杀人犯的传记，大受好评。看到人们对现实发生的凶杀案有着别样的好奇，这些书籍的作者们便在虚构中加入了一些现实情节，如1823年瑟特尔的“埃尔斯托利谋杀案”、1828年威廉·科达的“红磨坊谋杀案”、1849年的“柏蒙西恐慌”、1860年的“罗得西尔乡村别墅谋杀案”等现实里发生过的凶杀案。一时间，英国民众纷纷化身平民侦探，压着心头恐惧对案情抽丝剥茧。凶手越是意想不到的人物，计划越是冷酷周密，杀人方式越是刺激，凶案现场越是意料之外，就越吸引人。对于凶杀案，报纸杂志也常常连篇累牍地报道。还有一些印有吸睛插图的大字报（broadside，瓦版单面印刷）也因为售价低廉，深受工人群体的欢迎。

在猎奇心理的驱使下，每当遇到凶案现场或者搬运尸体的马车、被处死的犯人的遗体，常常有几万名群众聚上去围观，就像巡礼一样。凶杀案的相关元素还会被制成纪念品（饰品、工艺品、绘画、凶案现场的陶制模型），成为街头戏剧、木偶剧、黑箱剧的题材，甚至还会被创作成民谣传唱。

在这样的社会背景之下，一些有名的杀人犯找到了永恒的归处——蜡像馆。目前世界上最有名的蜡像馆当数威廉四世时期建的杜莎夫人蜡像馆，里面的“恐怖屋”展馆展出了很多著名杀人犯蜡像及其相关物品。很多下层阶级的群众因能够在蜡像馆里和著名杀人犯面对面而兴奋不已。

英国民众想在蜡像馆里看到的，除了杀人犯之外，还有王室成员。所以杜莎夫人蜡像馆里也展出了从亨利八世到现代的威廉王子、凯特王妃等英国王室家族成员的蜡像。

英式侦探小说、推理小说的辉煌传统在那之后一直持续着。譬如19世纪末柯南·道尔的“夏洛克·福尔摩斯”系列、20世纪前半叶切斯特顿的“布朗神父”系列，还有之后阿加莎·克里斯蒂的时代也不例外，其写作特点都没跳出传统英式侦探小说“探究人性”的框架。

创作于维多利亚王朝余韵下的这些侦探小说、推理小说，打破了老土、欺瞒、墨守成规的社会窠臼，把重心放在了性格描写和探究人性上。查尔斯·狄更斯可说是这帮侦探小说作者的祖师爷，其作品也充满了解谜元素，字里行间都是谜团。例如在1853年出版的《荒凉山庄》中，他便安排了一个名叫巴克特的警察来解凶杀案之谜。狄更斯的小说以伦敦的底层为背景，借侦探的眼睛描绘了一个物质丰富但精神生活苍白无聊的世界，深刻地揭示了那个时代的伪善。

御用品

接下来，我们将从生活文化的角度来讨论英国和英王之间的联系。

说起“御用”二字，可能你脑海中浮现的是一些普通人根本买不起的奢华物品。这也难怪，毕竟御用的东西肯定经过了严格的筛选，并且其中有一些绝不是上街能买到的。可是这也不尽然，因为御用品本质上都是我们的日常用品，例如一些名不见经传的水族店、花店、鞋店、帽子店就有可能是御用品供应商，像甜品、红酒、芝士这些食品，肥皂、香水、文具等各种各样的日常用品，都有专供御用的品牌。韦奇伍德、哈洛德百货、博柏利等高端品牌自不必说，一些小型电脑公司也是御用品供应商。目前的英国王室御用品供应方约有 800 家（含企业和个人）。

御用认证不是王室想给就给的，首先要英王或者王子喜欢某种产品，然后再向产品的生产方提出将该产品添加到御用品清单，生产方答应之后，王室便赋予御用认可的权利，商家可以在店铺的门口挂上（或在商品本体、包装上印上）御用认证的纹章。御用品清单每五年更新一次，的确有商家被淘汰——例如 1999 年伊丽莎白女王便取消了对加莱赫烟草集团的御用认可，一度成为话题。

皇家认证在维多利亚王朝时期曾经为政治、经济做出很大贡献。维多利亚女王在位期间颁发了 2000 份皇家认证，为制造业质量背书，很多商家便靠着皇家认证活了下去，最终经济取得了高速发展——这也的确是维多利亚这位“平民女王”才干得出的事。当时获得认证的商家，其中福特纳姆和玛森（百货公司）、怡泉（饮料）、川宁（红茶）等品牌到今天依然在认证名单里，另外还有一些在200年前就获得了认证的店铺和企业。这种国王带头保护国家商业发展的做法为日后的英国王室所继承。

英国王室御用品的历史还能向上追溯。目前最早发现的认证是1155年亨利二世授予威华公司的。不过，类似今天的皇家认证要等到15世纪才出现，一批王室御用商人获得认证。第一个获得认证的人叫威廉·卡克斯顿，是英国第一个印刷商，于1476年获得了“国王的印刷业者”的认证。

顺带一提，目前英国有三个王室成员有权授予皇家认证，分别是伊丽莎白女王本人、爱丁堡公爵菲利普及查尔斯王储。

西装的诞生

有一些东西虽然不是御用品，但也深得国王心意，然后还在贵族、平民群体中流行。西装就是其中一例。西装的功能、气质无一不散发着英式审美，可以说西装是和“世界普通话”——英语一同席卷全球的英国特色产品了。

西装和国王也有关系。中世纪末以来，男装基本上逃不出紧身短上衣、紧身裤袜两件套。查理二世是第一个用背心（vest）

搭配五分裤（breeches）的人，他这身装扮再配一件上衣，就是现代西装的原型了。1666年，查理二世又在此基础上增加了衬衫和领带，这一套搭配下来引得贵族群臣纷纷模仿，西装便这么流行起来了（图6-8）。

图6-8　左：查理二世身上的西装雏形
右：1906年的三纽扣式样西装

从18世纪末到19世纪末，马服风格成了西装的定式。一开始绅士们在乡村里穿的是长风衣（frock coat）的，然后改成了晨风衣（morning coat），再配上连襟长袖上衣和直筒长裤（对，由五分裤变成了长裤），近似现代风格的西装便诞生了。一般认为，上下成一套的西装的直接起源，是19世纪中叶的半正式西装（lounge suit）。

随着西装的诞生，潮流的风向也发生了改变，很多国王炫耀自己是伦敦社交圈的花美男，争着当潮流先驱。例如“当红小鲜肉”乔治·布兰梅尔的挚友乔治四世、对潮流异常敏感的爱德华七世，还有乔治五世、爱德华八世等几个国王，都是典型的“潮流弄潮儿”，影响了男装的发展。在这一代代人的改进中，现代西服渐渐成形。从国王的角度来看，他们追求潮流的目的是维护王权，提高国王的威严，却歪打正着地让西装成了贵族乃至知识分子、平民百姓的定制服，而西装也凭其本身舒适、实用的性质而广受好评。

有人说英国其实是“女王、英语和BBC之国”。的确，王室的宣传效果、经济效益之大，让人无法忽视，堪称英国代表性的软实力之一。最近凯特王妃身上穿的服装、首饰在全世界的女性群体中走红，宣传效果一绝。王室成员造访外国时，常有企业代表随访，在访问之余还顺便给英国商品开拓销售市场。可以说，王室成员才是“全英最优秀的销售员”。

正因为英国国民对国王、王族的敬爱，王室成员才有了如此权威和公信力，以至于英国王室给其他国家的国民也留下了和蔼可亲、光彩夺目的印象。

第七章　与媒体同行的平民国王

乔治五世到伊丽莎白二世

1910 年至今

温莎堡内共叙天伦的乔治六世一家

第一次世界大战与工党崛起

爱德华七世殁后，次子乔治五世（1910—1936年在位）继位。他的兄长因病故去，他娶了兄长的未婚妻，即自己的准嫂子玛丽，而玛丽也的确是个出色的贤内助。乔治五世还是王储时就已经效法父亲，热衷于视察殖民地，其行程合计足足有72400千米。

身为立宪君主，他始终坚持帮助内阁。议会里曾经争论过一条议案，说的是上议院（贵族院）应该让出立法权予下议院，由下议院掌握国家实权。上议院自然不肯，与内阁僵持不下。于是乔治五世行使了国王否决权和新贵族封爵权，帮助了自由党的阿斯奎斯内阁。多亏了乔治五世的支持，这份议案于1911年在上议院通过。

1914年6月，奥匈帝国王储夫妇在萨拉热窝遇刺，以此为导火索，第一次世界大战爆发。英国、法国、俄国等国结成协约国与德国开战。战争之下死伤惨重，光是英国就已经丧失了约90万条人命。1918年，英军在战争中投入了坦克，终于战胜了德军，取得了胜利。

在这场战争中，乔治五世显示了他的献身精神，他和王后不仅赶赴各处舰艇、运输船、医疗船，连陆战前线和野战医院都能看到他们的身影。另外，因为乔治五世有德国血统，英国民众对此颇有微词，乔治五世干脆舍弃了“萨克森－科堡－哥达王朝”这个名字，从与历代英王都有因缘的温莎城堡中取名，改称“温莎王朝”。

战后，英国国力衰退，帝国濒临分裂，印度、加拿大、澳大利亚和爱尔兰等地爆发了独立运动，不承认英国“宗主国”的天然优越地位。在此背景下，1926 年英国被迫在伦敦召开帝国会议，修订了以往大英帝国下的法律、制度和惯例，组建了“英联邦”。1931 年，制定了《威斯敏斯特法案》，认可加拿大、澳大利亚、新西兰、纽芬兰、南非联邦、爱尔兰自由邦等自治领政府在形式上与宗主国英国具有同等地位。不过，英王对自治领而言并非无用，英国王冠反而成为英联邦共同的象征，成员国之间拥有连带义务、忠诚义务和建言献策权以及获得主权承认等权利。

第一次世界大战之后，英国国内经济衰退，煤炭等旧产业日落西山，雇主们减薪加时的做法招致了工人们极大的愤懑。对政府已经不抱希望的工人们不断上街抗议，整个 30 年代，爆发了一连串“饥饿进军”，爆发地区遍布穷乡僻壤和伦敦等大城市，失业者的窘况可见一斑。

尽管游行示威不断被镇压，可工会的力量依然越来越大，政治家们再也无法忽视工人的诉求。1924 年，建党于 1906 年的工党组建了内阁。1928 年，终于姗姗来迟地承认女性拥有普选权。

1929 年，全世界都陷入了经济衰退的困境，此即所谓的“世界大萧条”。20 世纪 30 年代，北部的纺织业、煤炭业等传统行业萎靡不振，失业者大幅增加。与此相对地，英格兰中部和南部的汽车、航空器和电子制造业等新兴产业开始萌芽。

晚年的乔治五世面对着爱尔兰独立问题、纳粹德国崛起等内忧外患，因不堪重压，他在 1935 年的登基 25 周年纪念仪式上向全国百姓公开表示自己是个普通人。这种亲民的做法反而让他博得了民众好感。翌年，乔治五世驾崩。

爱尔兰问题的趋向

《爱尔兰自治法案》在乔治五世统治时期通过，成为爱尔兰（准确来说是南爱尔兰）独立运动的导火索。爱尔兰问题是英国在 20 世纪面临的颇为头疼的一个大问题。

格莱斯顿提出的《爱尔兰自治法案》被上议院否决了两次。1912 年，自由党阿斯奎斯首相第三次向议会提出《爱尔兰自治法案》，再次被否决。1914 年，法案第四次提交英国议会，再加上乔治五世从中调停保守党与自由党的对立，最终在第一次世界大战爆发之时的紧急情况下通过。

大战期间，爱尔兰爆发了“复活节起义”，要求建立共和制。

可惜起义最终失败，主脑被处死。此外，因为英国主张的征兵令适用于爱尔兰，爱尔兰国内的反英情绪一口气爆发，新芬党崛起。1919 年，爱尔兰独立战争爆发。

英国政府颁布了《爱尔兰政府法案》（1920 年）等法律，试图镇压独立运动，结果新教徒较多的阿尔斯特地区六郡组成了“北爱尔兰”。1922 年，爱尔兰自由邦（后来的爱尔兰共和国）在南部建国。北爱尔兰境内的天主教徒在政治、经济、社会层面受到歧视，而南北爱尔兰分别有自己的军队，互相攻伐。

北爱尔兰的暴力冲突在第二次世界大战之后还没结束。1969 年，旨在统一南北爱尔兰的武装组织 IRA[1] 宣布展开大规模武装斗争以来，恐怖事件频发。占北爱尔兰人口少数的天主教徒每天过得胆战心惊，生怕一不小心就被新教军事组织或阿尔斯特警察打死。1982 年，英国政府采取了谍报行动、格杀等措施来镇压 IRA。后来，布莱尔首相促请 IRA 停火，又提出了新的和平议案，但因为没能得到各个政党的同意，反而惹来更大的反扑。

不过，通过不懈努力，1998 年 4 月，《贝尔法斯特协议》签署，北爱尔兰有了自己的地方议会，又创设了由南北议会各选代表共同组成的“南北委员会”，英格兰、苏格兰、威尔士各地方

1 Irish Republican Army，爱尔兰共和军。—— 译者注

议会和爱尔兰之间更是各自派代表组成“理事会”。

伊丽莎白女王也为和平出力不少。2012年5月，她以国王身份访问爱尔兰，这是自祖父乔治五世以来（时隔一个世纪）英王到访爱尔兰。在爱尔兰期间，她去了在“一战”中阵亡的爱尔兰籍英军士兵的纪念碑前凭吊。次月，她在北爱尔兰境内的贝尔法斯特，与IRA前将领马丁·麦吉尼斯会面并握手，一度成为话题。

英爱两国关系已经有了破冰迹象，但远说不上问题已经完全解决。

金口玉言

20世纪之后，收音机的普及大大改变了王权下庶民的生活方式。水谷三公先生在《英国王室与媒体：平民国王爱德华及其时代》（《イギリス王室とメディア：エドワード大衆王とその時代》）[1]中详细讨论了这个问题。

1922年，BBC第一次开始收音机广播。20世纪30年代，收音机逐渐走进英国的千家万户。1933年，有一半家庭有收音机，到了1939年，基本上家家都有收音机了。1936年，电视广播出

1 文春文库，2015年出版。——译者注

现，不过因为“二战”一度中断，到1946年才重新恢复。

第一个通过收音机广播向全体国民开金口的国王是乔治五世，这件事还引起了全国反响。1924年4月23日，当时正值“一战”期间，伦敦郊外的温布利举办了大英帝国博览会，乔治五世亲临开幕式现场，国王宣布博览会开幕的声音经由BBC转播，飘进了寻常百姓家，这让每个有收音机的家庭兴奋不已。据说当时整个英国约4500万的人口中，有1000万以上听到了国王的声音。闭幕式时，王储爱德华代替父王出席，其致辞也通过收音机进行了广播。

政府留意到了国王金口玉言的效果，试图通过国王发声激发民众的爱国情感，促进国民团结。1932年，BBC的“帝国服务”频道开播，并且成功地让国王做客圣诞广播节目。圣诞节广播不仅让国王的玉音在英国本土传播，还漂洋过海传到了印度、澳大利亚、加拿大、西非等殖民地、自治领。乔治五世沉稳的声音让群众十分有好感，因为这次广播，他被夸作“一个顾家好男人，一个伟大的凡人，一个真诚、谦虚而又努力的人”。

国王在圣诞那天做客BBC并致辞就这样作为一个传统保留到了现在。1957年，伊丽莎白女王首次通过电视发表圣诞演讲，自此之后，全国观众都能近距离看到王室成员的样貌了。

乔治五世之子爱德华很会穿着打扮，对民众也彬彬有礼，他关心底层人民的失业、住房等问题，并努力帮他们解决。爱德华常常做客收音机广播，从1922年起，还是王储的他就经常抓住各种机会，通过广播向全体国民发表讲话，博得了个“收音机亲王”的名堂。

1936年，爱德华继位登基，是为爱德华八世。然而，他看上了一个叫沃利斯·辛普森的美国女性。尽管沃利斯曾离过两次婚，但爱德华八世为了娶她，依然不惜放弃才坐了325天的王位，“宁要美人，不要江山”。身为国教会首长和英国国王，这个婚姻绝对是不被允许的，于是他用收音机通过BBC向全体国民宣布退位，还直白地吐露心声：“没有心爱的女人的支持，我无法履行国王的责任。”

王弟约克公爵就稀里糊涂地继位了，是为当今伊丽莎白女王之父乔治六世（1936—1952年在位）。乔治六世有语言障碍症，他本人其实不想当国王。1936年，他和妻子伊丽莎白·鲍斯-莱昂共同加冕，正如所担心的那样，他的演讲一塌糊涂。多亏来自澳大利亚的语言治疗师伸出援手，乔治六世的语言障碍症日渐康复，以往吞吞吐吐的演讲也变得流畅起来。“二战”时，乔治六世通过收音机广播向德国宣战。从此，乔治六世通过收音机发表讲话，引起了绝大部分国民的共鸣，获得了他们的交口称赞。2010年英国拍了一部电影——《国王的演讲》，就取材自乔治六世克服口吃的故事。

“二战”期间，王室不仅利用收音机，还利用电影——不对，应该说是电影利用王室才对，当时电影院在放映正片之前和放映完毕之后，都会见缝插针，放一段“新闻电影”，王室成员常常出现在新闻电影中，让所有阶层的观众都能清楚地看到国王、王族们的样子。平民国王就这么诞生了。

第二次世界大战与帝国瓦解

乔治六世统治期间，英国被卷入第二次世界大战，他和家人们在整场大战中都不避难，留在伦敦和国民共进退，被誉为“好国王”。

1939 年 9 月 3 日，德国入侵波兰，英法两国对德宣战，第二次世界大战就此拉开帷幕。战时，英国的燃油、粮食、衣物均实行分配制，很多必需物资都短缺，百姓的生活苦不堪言。于是，英国提出了“挖出胜利”的口号，动员开垦耕地。1939 年，英国的耕地面积为 486 万公顷，到了 1945 年增加至 728 万公顷。

英国熬过了德军在其主要城市的轰炸。1945 年 5 月 7 日，德国国防军向同盟国无条件投降，战争结束。英国此时已经遭受了极大损失，约有 4 万平民死亡，100 万家庭流离失所。

战后，为了缓解劳动力不足，英国给予了原殖民地国家居民入籍英国的权利，从西印度群岛、印度、巴基斯坦和非洲各国引进了大量移民。在长期的移民政策下，英国社会逐渐呈现出多民族性，这种不强求同化的多文化主义既有包容的一面，也有冷漠和种族歧视的一面。在各地陆续发生种族问题的背景下，英国创设了“种族问题局”。

战后几年间，英国因国内物资不足而不得已实行分配制，不过随着经济状况渐渐回升，人们的工资高了起来，生活也丰富了。在这个新起点，1953 年 6 月 2 日，伊丽莎白二世加冕（1952 年登基，至今在位，如图 7-1）。

图7-1 1953年，伊丽莎白二世加冕礼

英国的战后政治从 1951—1964 年都是保守党政权。1964 年，工党赢得大选，哈罗德·威尔逊就任首相，并一直任职到 1970 年。

第二次世界大战后，大英帝国逐渐解体，取而代之的是各国基于完全的宪政平等、自由而结成的互助共同体英联邦。其实早在“二战”前，英国1931年就已通过《威斯敏斯特法案》，和加拿大、澳大利亚、新西兰等国组建了英联邦的雏形，只不过那时的英联邦只面向大英帝国内的白人自治领。但“二战”之后，英国想和一些已经从大英帝国独立出去的原殖民地国家维持“家族联系”，所以不断扩大英联邦的加盟。1947年，印度和巴基斯坦加入英联邦；20世纪50—60年代，亚洲的其他地区及非洲各国、加勒比海殖民地相继独立，这些原殖民地国家纷纷投入英联邦大家庭的怀抱。

英联邦各国靠着“曾经同属大英帝国一分子”的历史，以及“团结在英王麾下”的事实而走到一起。和欧盟、北约不同，英联邦不是靠合同、条约，而是靠英国国王维系的。尽管英联邦不是一个拥戴王权的帝国，其成员国各自的体制也有所不同，但它们都靠着“国王”这个大活人联合在一起。

截至2017年1月，英联邦共有53个成员，当中有16个是英女王统治的君主制国家，6个是有自己国王的君主制国家，余下的31个是共和制国家。英联邦的总人口约为18亿，差不多占了全球总人口的30%，领土面积占了地球陆地面积的近25%。

英国君主是英联邦的元首，目前的元首伊丽莎白女王是英联邦的热心拥护者。英联邦成员国首脑会议每两年召开一次，商讨该如何合作共赢，但决议并不具备强制力，因此有人讽刺英联邦只不过是对大英帝国的缅怀，以及用来满足成员国自己的虚荣心罢了。大英帝国时代，以英国的宗主威信为领导，只不过与之相比，英联邦更为世俗，成员国不论种族、宗教、发展中国家还是发达国家，都是平等的。话虽如此，以一位可敬的国王为纽带联系这么多国家，证明了英王依然拥有调和国际纠纷的能力。

福利国家的未来

说起来，现在英国福利制度的完善程度，放到全世界都排得上号，号称“从摇篮到坟墓”都有保障。但是，近代英国依然要靠民间志愿者的力量才能救助弱势群体，就连王室成员的慈善活动都是他们的私人行为。而且直到 19 世纪，国家层面的福利制度依然处于最低水平。

进入 20 世纪，国家开始走到台前。1908 年出台《养老金法案》；1911 年出台《国民保险法》。此前的 1905 年，英国成立了“济贫法和济贫事业皇家委员会”，政府根据该委员会的建议，直接或间接提供新的公共补贴和卫生福利服务。但是一开始，公共福利和民间福利之间的区别较为模糊，直到第二次世界大战结束后，两者才明确区分开来。

1945 年，工党的克莱门特·艾德礼在英国大选中获胜，以此为契机，现代福利国家渐露雏形。1945—1951 年，艾德礼任首相，他在引入社会福利制度的同时，还将煤炭、天然气、电力、运输及英格兰银行国有化。1946 年，《国民保险法》和《国民健康服务法》通过，真正由国家牵头的社会福利政策正式实施。如此一来，所有英国公民都有资格领取失业补贴、疾病补贴、养老金和鳏寡补贴了。1948 年，引入全民医保制度。

1942 年，经济学家威廉·贝弗里奇在报告书中首次提出全民医保概念，这份报告书后来被称为《贝弗里奇报告》。贝弗里奇对社会保险及政府相关服务的提案非常理想化，中心思想是政府通过实施全民免费医疗服务和发放家庭津贴来消除贫困和不平等。战时政府接受了这一提案，“福利国家”一词流行起来。

可惜在 1966 年国际收支赤字、英镑危机，及翌年货币贬值的冲击下，工党政府被迫放弃了福利国家规划——毕竟在经济无法增长的前提下，无论哪个政党、哪个政治家上台，都不可能提供更好的社会福利服务。1973 年石油危机之后，世界经济停滞，更加混乱，连原有的福利政策都难以为继。

“人人平等，免费医疗，托儿所微利润收费，公立学校不收教材费，按人头发放育儿津贴，失业补助涵盖面广”这种乌托邦式的社会福利无法继续维持，无可奈何之下，政府做出了将外国人排除在福利覆盖范围外、牙科医疗收费等让步举措。截至 20 世纪 70 年代末，贝弗里奇提出的设想有一半都失败了。20 世纪 80

年代，英国经济再次国退民进，地方自治体的负担减轻。

尽管如此，英国依然是个发达的福利国家，而且从未放弃过“任何人的健康都应该是免费得到的”这个理想。1948 年，时任卫生大臣安奈林·贝文创建了英国国家医疗服务体系（National Health Service，简称 NHS），这个名词直到今天还经常出现在媒体上，人们在日常生活中也会时不时提到。

在这一体系下，全体公民都有家庭医生，家庭医生再向大医院的专科医生输送病人，构建起医疗版的中央集权，就连在各个领域大力推进民营化的撒切尔内阁都没能动摇 NHS 分毫。在英国人眼里，这一套医疗体系是国家的骄傲，是“人人为我、我为人人”的明证，更是文明的象征。

然而最近，“人人出一份力，保障每个人都能过上最基本的有尊严的生活”这份理想也开始变质了，越来越多的人觉得“穷人骗保比富人逃税更不可原谅”，社会也越来越歧视领取失业补助、医疗补助的人及残疾人，与当下的日本如出一辙。产生这种畸形心理的根本原因，窃以为是贫富差距的不断增大。

铁娘子的挑战及其后

英国这种贫富差距扩大和歧视穷人的风气，要怪 20 世纪 80 年代的撒切尔内阁。1979 年，撒切尔夫人成为英国史上第一位女首相，领导英国的政治一直到1990年。

撒切尔上台前的英国产业萎靡，失业人数不断上涨。截至1975年春天，失业人数已经增加至100万人，占了全体劳动人口的5%以上。1978年，政府为了压制通货膨胀和工会沟通，试图将工资涨幅控制在5%以内，结果沟通失败，国内掀起了游行示威浪潮。工党政府民望大跌，在1979年大选中败给保守党，玛格丽特·撒切尔任首相。

撒切尔采取了新自由主义和新保守主义的政策，想通过放宽规制及对水道、电力、燃气、铁路、航空、通信等领域的国退民进，来达到重振英国经济的目的。可惜，1980—1982年这段时间的经济衰退、失业人口剧增狠狠打了她一巴掌。不过，1982年4—6月，英国在马尔维纳斯群岛（英国称“福克兰群岛”）战争中胜出，为撒切尔挽回了一点人气。此后，英国经济逐渐回升，失业和通货膨胀问题渐趋缓和。1984—1985年是撒切尔内阁和工会的决战，煤炭工人等工人群体接连组织游行示威，政府也千方百计熬了过去。

撒切尔执政后半期，所有财政服务都自由化了，行业协会的保护形同虚设，英国成为一个竞争社会。一开始，银行被卷入国际竞争，苦苦挣扎，不过多亏了这场历练，20年后的伦敦金融城成了金融中心，能与美国华尔街比肩。

撒切尔希望加大社会的流动性，向国民灌输“金子在哪里都会发光”的梦想，一夜暴富者的确多了起来，但另一方面，贫富差距也越来越大。她似乎相信，削减低保和教育预算、放宽金融和商业规制，以及重整产业是强国之道。就这样，英国人的传统美德逐渐消失。

不过，即使经历了“铁娘子”改革，依然有接近九成的英国人觉得“今天的英国依然存在社会金字塔体制”。最近，英国社会对富人阶级的批判甚嚣尘上，斥责他们已经没有了“贵族义务”意识。随着收入差距的扩大，赤贫人口也在不断增加。

1990 年，撒切尔辞职，约翰·梅杰接任首相。梅杰提出“无阶级社会”的口号，呼吁每个普通人都与他人一起，共同进步。可惜梅杰人气不高，在 1997 年的大选中败给工党，44 岁的安东尼·布莱尔上台。布莱尔提出了“新不列颠”构想，主张地方分权、与欧洲打好关系、改革上议院等。他着手改革英国传统政治体制，限制了占据上议院多数席位的世袭贵族议员的名额，又将英国最高法院从上议院剥离开来。

他想将英国塑造成一个多种族、多文化、有自信的国家。布莱尔凭借三寸不烂之舌和雷厉风行的办事风格获得了高支持率，但随着阿富汗战争和参与出兵伊拉克（反恐战争）陷入泥潭，他的支持率再度下降。

另外，有着颠覆传统的改革精神的布莱尔，和保守的英国王室有理念上的冲突，伊丽莎白女王和布莱尔对立的场面出现过很多次。

王室的亲民努力

如前所述，20 世纪之后，英国王室对舆论走向十分敏感，再也不能像以前那样高高在上，不食人间烟火。只有贵族的支持是不够的，他们还要向广大群众露个脸，表达一下观点，说服群众支持自己——这才是得民心的康庄大道。于是，国王们抓住机会就和群众亲切对话，或者大大方方地在伦敦大街上散步。

在位时间超长的伊丽莎白女王对舆论非常敏感。1953 年的加冕礼，除了涂油等部分仪式之外，整个过程都有电视直播。每逢出席大型活动，女王都会细心留意自己的一举一动，努力传达英王的威信、塑造亲民形象。1969 年，BBC 拍了一部王室纪录片，当中有 75 天是在女王和家人一起居住的白金汉宫和苏格兰避暑山庄拍摄的，王室成员们的日常生活真实地展现在每一个普通英国人眼前。

2012 年，在伦敦奥运会开幕影片中，伊丽莎白女王亲自出镜，允许拍摄团队拍摄自己的房间，还上演了“和 007 一同跳直升机空降会场”的戏码。她向国民展示自己泡吧喝啤酒、吃麦当劳的样子，还常常到地方巡视。

查尔斯王储比女王更会玩。在 2012 年的 BBC 六十周年纪念活动上，他客串了一把天气预报员，一本正经播报的样子逗笑了全英百姓。不仅如此，他还和工人、女警一同用餐，尽可能地表现自己不摆架子的普通人的一面，地方的纪念活动也常常有他的身影。为了侧身倾听民众的声音，他更是出现在大城市的贫民区，和底层工人们交谈，引起共鸣，俨然一副现代“福利君主政治”模样。

将王室成员的“亲民”形象进一步烙在人们心中的机缘，是前言中我们提到过的戴安娜王妃身故事件。戴安娜积极参与根除地雷和儿童福利等慈善活动，当时全世界大多数人还误以为艾滋病会通过日常接触传播，戴安娜亲自和艾滋病患者握手的照片改变了这一认识。与查尔斯离婚后，戴安娜依然受到英国民众的爱戴。

王室的存续必须得到国民的支持，因此王室必须做出改变。为了打造“亲民”形象，王室还积极利用现代社交平台，开通了英国王室官网、Facebook 账号、官方 YouTube 频道等。但是，有利必有弊，对于喜欢窥探他人隐私、背后嚼舌根的广大群众和煽风点火的八卦小报来说，王室这种主动揭秘的做法反而成了他们的“精神食粮”，满足了他们的猎奇心理。男女关系自不待言，连家庭生活、健康状况都暴露在公众眼前。

这是一个对国王、王族很不友好的时代：一方面他们得展示自己的普通家庭性；另一方面又要想方设法保存自己的贵族性、神秘性。鱼与熊掌，真不知该如何取舍。

苏格兰独立运动与脱欧的冲击

目前很多人都有这种感觉——不仅王室，就连英国本身都在蜕变。第二次世界大战之后，大英帝国落幕，经济实力跌到和法国差不多的水准，还被德国迎头赶上，人口数量则是全球第 21 位。当然，英国依然是个发达国家，但绝对称不上是大国了。更惨的是，连“大不列颠与北爱尔兰联合王国”这个身份也面临危机。

1997 年，布莱尔领导的工党内阁就苏格兰和威尔士的地方分权议题举行了公投，结果显示双方均赞同分权。历史上，苏格兰议会拥有地方征税权和立法权，1999 年，该议会在爱丁堡的苏格兰教会大会堂复活。同年，威尔士也成立了自己的国民议会。而北爱尔兰地区早在 1998 年的《贝尔法斯特协议》后，便已重组议会了。回顾历史，威尔士在 1536 年、苏格兰在 1707 年先后合并入英格兰，议会也编入大不列颠议会，这一系列做法无疑是历史的倒退，分裂的离心力在起作用。

2014 年 9 月，苏格兰举行独立公投，持续了三个多世纪的大不列颠民族国家面临分崩离析。公投结果为 44.7% 赞成，55.3% 反对，独立未能成功，但是独立的星星之火不知何时会形成燎原之势。

另一个大问题是英国和欧盟之间的关系。1973 年，英国加入了欧盟的前身“欧共体”，1975 年公投显示，67% 的民众赞成入欧。不过，这并不意味着英国真心希望与欧洲大陆合体，更多的是出于功利主义思维，为本国攫取经济利益，最典型的例子就是撒切尔夫人那句“我们只想拿到还款”。再者，英国并没有加入欧元区，很多人认为英镑是国家认同之一，没有女王像的纸币不能算作钱。

英国媒体将经济低迷、失业率高企等一系列社会问题都怪罪到欧盟头上，这既有大众对入欧不满的现实原因，也有历史上英国人想与欧洲大陆保持距离的传统原因。19 世纪中叶，时任英国首相帕麦斯顿曾说：“我们没有永远的朋友，也没有永远的敌人，只有永远的利益。我们的义务就是追求这永远的利益。”英国的其他政治家会不会这么直白地说出口，我们不知道，但他们心里多半是这么想的。

但是，英国的经济要真想发展好，似乎就只有开放引进外国人才，让外国企业进驻这一条路了。本来英国对移民就比较包容，尤其是“二战”之后，已经从各个原殖民地引进了不少移民。“英国人”已经不是一个种族或民族，而是所有“英王臣民”的总称了。

不过，最近英国有不少声音认为，是欧盟强行要求英国接纳移民，才导致英国国内失业问题和贫困问题日益严重。在 2016 年 6 月的公投中，脱欧派以微弱优势取胜。今后英国和欧洲（欧盟）的关系将会走向何处，目前不能轻易下结论，但有很大可能不会是光辉灿烂的。

2016 年公投的几星期前，一些八卦报纸报道伊丽莎白女王在晚宴上说“请给我三个理由解释一下英国为什么要成为欧洲的一部分”，让社会一度猜测女王支持脱欧。尽管白金汉宫发表声明称“女王持中立的政治立场，不会站队”，但这场舆论骚动反映了在脱欧这种关乎国运的问题上，国民都希望知道女王是怎么想的。

英国的政治制度与英王的作用

综上，我们围绕英王这个角色，回顾了英国自盎格鲁－撒克逊时代到现代的历史。窃以为，英王在这 1000 多年的历史中，一直很好地扮演了他们的角色，即君主立宪制乃至议会制民主主义形成过程中的一个担纲者（另一个担纲者是议会）。下面我们就来归纳一下每个时代取得的议会制民主成就。

首先是盎格鲁－撒克逊时代。那个时候虽然还没有现代意义上的议会，但已经有了地方豪族们组成的贤人会议，而且很早就创建了限制王权的机制。

诺曼王朝到金雀花王朝这段时间里，随着陪审制度的推广，各地也逐渐开始统一下属乡镇的习惯法，形成了判例主义和全国通行的普通法。1215 年的《大宪章》和 13 世纪后半叶—14 世纪的一系列议会之后，形成了“法大于王”的原则，征税、颁布或废除法律都要经过议会。代议制真正开始生根发芽。

都铎王朝时代，尤其是亨利八世和伊丽莎白一世统治期间，英国通过宗教改革从罗马教廷独立出来，创建了由国王任首长的国教会。议会和王权相互支持的关系得到强化，贵族势力减弱，平民院获得了比贵族院更多的立法功能和决策权。

斯图亚特王朝时代，尊奉君权神授论，打算推行君主专制的国王们在革命浪潮下退位。继承了《大宪章》精神的《权利请愿书》《权利宣言》《权利法案》颁布，使国王在军事、财政方面必须听从议会安排。另外，国王还失去了中止法律的权力，内政交由议会处理。“统而不治”的君主立宪制传统就此确立。议会则随着日渐成熟的制度化，建立起“议会君主制”体制。

接下来的汉诺威王朝时代，政治全部交给大臣处理，政党政治成熟起来，为责任内阁制打下了基础。维多利亚女王统治期间，国王的政治权力减弱，但另一方面，君主制成了社会道德约束力，国王作为国家象征的性质反而提高了国王的权威（道德君主制）。后来，随着英国版图的扩张，殖民地实施金字塔式的“帝国君主制”，而英国本土则真正确立了君主立宪制。

最后是一直持续到今天的温莎王朝。在早期乔治五世、乔治六世统治期间，英国王室向英国民众展现了“家庭式君主制”，打造了英国民众心目中的一个理想家庭形象。

综上，英王和英国王室的性质在历史上发生过好几次变革。在螺旋式上升的变革过程中，英国踏踏实实地实现了民主性质的君主立宪制。1000 多年以来，无论是英国本土的政治，还是大英帝国的统治，都是靠国王陛下维系的，正因为有了国王，英国才得以维持正统性和持续性。

因此，英国花了一千几百年建立起来的君主立宪制，既非专制主义也非保守主义，而是一个装置 —— 一个从外部维系统治正统性、调解政治立场纷争的装置。所以，国王才能成为全体国民的代表。

19 世纪政治评论家白芝浩对英国君主做过点评，大意是“就像英国这样的国家而言，最好的统治机构是将议会、内阁、政党政治这样的效率部分和与国王相关的威严、神圣部分相结合。人们在君主制下诉于感情，所以君主制强盛，在共和制下诉于理性，所以共和制脆弱”。通过上述回顾，我们不得不赞同白芝浩这番说法。

英国人的代表——英王

至此，相信读者们已经明白，英王在漫长的历史过程中一直是英国民众在政治、制度层面的代表。

还有一点，英王处于贵族阶层的顶端，代表着贵族的价值观和行为模式，并成为英国默认的习俗或英国人的普遍心理。这一点我不打算详细展开，总之，在革命后至19世纪这段时间，英王的贵族典范性愈发明显，直到现在也依然是组成“英国人”这一身份认同的要素之一。只不过，正如我们在第五、第六章所说的，这种身份认同随着全球化的进展，慢慢被稀释了。

顺带一提，目前伊丽莎白二世时代的英国，随着社会世俗化、宗教多元化，以往国王作为英国国教会最高领导的作用日渐减弱，王权也不再需要宗教势力的支持。国王作为大英帝国元首的光辉权威也在逐渐退去。殖民地陆续独立，伊丽莎白女王不再是印度皇帝，也不再是英国海外领土的统治者，转而成为英联邦——历史上与英国或多或少有所关联的国家所组成的松散联合体——的象征性元首，这种虚位对提高国王权威几乎没有任何帮助。因此，要提高国王权威，就只能靠舆论了。这也是为什么英国王室宁愿牺牲王室的神秘性，也要通过媒体向民众展露真容，表达王室的观点，打造所谓的“平民君主制”。

当前，查尔斯王储最明显的做法是将慈善事业作为王室的首要任务，并通过各种方式参与其中（福利君主制）。通过参与慈善活动和慈善组织合作等方式，让失业者、残疾人、少数群体等社会边缘人群沐浴到王室的恩泽，呼吁社会重视他们的需求。

在英国，有一些不被政府、产业精英理会，又没有政治代表的弱势群体，查尔斯通过获得他们的支持来提高自己的威信。另一个值得注目的是，英王虽然自身是国教会首长，是新教信仰的拥护者，但查尔斯目前还不是英王，所以他顺应了时代潮流，公开表明自己支持所有宗派和宗教。

再者，查尔斯王储还是一个知名的环保人士、有机农业支持者。早在 1989 年，他就公开宣称要在自己的封地推行有机农业。为了能身体力行地保护生态，推进有机农业，他从封地中选取了海格罗夫这片地方，花了许多年将里面的农场全部改造成有机农场，创建了优质有机产品品牌“公爵原味”。这个品牌的产品包括食品、护发素、沐浴露等，现已是英国的一个代表性品牌。查尔斯王储本人担当了自然友好、环境友好型“生态君主制”的旗手。

现代英国宪法学者韦农·波格丹诺谈过自己对君主制的见

解，大意是“君主制无法脱离社会基础而存在，因此它必须适应社会，调整自己的存在方式和立场，将国家和民众有机结合起来。简而言之，君主制本质上是一个依靠想象力的制度”。

在已经脱欧的今天，英国需要更多想象力。

后　记

其实我是最近才萌生出亲自回顾一下英国史的想法的。我还在读研时，有位老师说过两句话，给了我很大触动，一句是“英国不是欧洲”，另一句是“英国史的研究者要是不再做点有意思的研究，怕是没人愿意学英国史了”。随着对法国、德国等欧洲中世纪文化、社会状况研究的不断深入，意大利也进入了我的研究范围。

说起来，最近日本出版了诺曼·戴维斯的大作《不列颠群岛史》（*The Isles: A History*[1]）和“牛津不列颠群岛简史”[2]系列的日文版，拓宽了我的视野。再加上我平时就喜欢看制作精良的BBC

1　日文译名为《アイルズ：西の島の歴史》，别宫贞德译，共同通信社，2006年出版。——编者注

2　日文译名为《オックスフォード　ブリテン諸島の歴史》，全11卷，鹤岛博和监修，庆应义塾大学出版会，2009—2015年出版。——编者注

英剧，渐渐地，我对英国和英国史越来越感兴趣。学习英国史之后，我才发现原来真的有很多“有意思的研究”可以做。

日本一直以来都有不少英国史研究者，多亏了他们的辛勤努力，为我们提供了这么多优秀的成果。只是，没想到英国人自己越来越不避讳“英国不是欧洲”这一想法。直到今天，我年轻时接收到的信息竟然还未过时。

我个人是打算以英王为角度来回顾英国史的，但是目前市面上已经有很多关注英国王室和英王的历史著作了，我也想不出有什么新的行文结构，只好按图索骥。窃以为，回顾英王的历史有助于我们了解英国这个国家的制度，从而勾勒出英国人的心理特征。

本书在写作时参考了很多英文、法文和日文的前人研究成果，此处兹列出其中参考内容较多的日语文献：

［英］大卫·康纳汀（平田雅博、细川道久译），《虚伪的帝国——从东方主义到装饰主义》（*Ornamentalism: How the British Saw Their Empire*），日本经济评论社，2004年；

［英］琳达·柯莉（川北稔监译），《英国国民的诞生》（*Britons: Forging the Nation 1707-1837*），名古屋大学出版会，2000年；

［英］基思·托马斯（川北稔译），《生存价值的社会史——

近代英国人的精神信仰》（*The Ends of Life: Roads to Fulfilment in Early Modern England*），昭和堂，2012 年；

［英］弗农·博格达诺（小室辉久、笹川隆太郎、R·哈尔贝施塔特译），《英国的君主立宪制》（*The Monarchy and the Constitution*），木铎社，2003 年；

［英］艾伦·麦克法兰、艾丽斯·麦克法兰（铃木实佳译），《茶叶帝国——从阿萨姆红茶和日本解开历史之谜》（*Green Gold: The Empire of Tea*），知泉书馆，2007 年；

［美］哈丽雅特·里特沃（三好美雪译），《作为阶级的动物——维多利亚时代的英国人和动物》（*The Animal Estate: The English and Other Creatures in the Victorian Age*），国文社，2001 年；

［英］露西·沃斯利（中岛俊郎、玉井史绘译），《如何享受英式谋杀》（*A Very British Murder: The Story of a National Obsession*），NTT 出版，2015 年；

［日］井野濑久美惠，《大英帝国的女性》（女たちの大英帝国），讲谈社现代新书，1998 年；

［日］上野美子，《罗宾汉的故事》（ロビン・フッド物語），岩波新书，1998 年；

［日］金泽周作，《慈善与英国近代》（チャリティとイギリス近代），京都大学学术出版会，2008 年；

［日］君塚直隆，《英国历史故事》（物語イギリスの歴史，上、下），中公新书，2015 年；

［日］小林章夫、齐藤贵子，《通过漫画阅读十八世纪英国 —— 贺加斯和他的时代》（諷刺画で読む十八世紀イギリス—ホガースとその時代），朝日新闻出版，2011 年；

［日］樱井正一郎，《女王陛下是海盗 —— 因私掠而战的英国》（女王陛下は海賊だった—私掠で戦ったイギリス），Minerva 书房，2012 年；

［日］白幡洋三郎，《植物猎人 —— 欧洲植物热与日本》（プラントハンター—ヨーロッパの植物熱と日本），讲谈社选书 Métier，1994 年；

［日］平田雅博，《英语帝国 —— 某个岛国语言的一千五百年历史》（英語の帝国—ある島国の言語の 1500 年史），讲谈社选书 Métier，2016 年。

岩波书店 Junior 新书编辑部的盐田春香女史细致地审校了本书的行文、小标题和字数等。庆应义塾大学文学部副教授赤江雄一先生通读了初稿，从专家角度指出了很多史实错误和争议之处。正是在二位的大力帮助下，本书才得以顺利出版，在此表示衷心感谢。

本书完稿后，我惊觉自己身上也发生了变化。以前的我看英国史就像法国人一样，漫不经心又带点蔑视，但现在我竟然开始染上英国色彩了，例如觉得吃饭就是单纯为了活着，不注重味道，还会时不时哼两句“Home! Sweet Home! ”加油吧，英国！

池上俊一

2017 年 1 月

英国史年表

公元前 7—公元 1 世纪	凯尔特人迁移到不列颠岛，以部落为单位聚居
罗马时代（公元前 55—410 年）	
公元前 55/54 年	恺撒入侵不列颠尼亚
公元 43 年	罗马皇帝克劳狄乌斯入侵不列颠尼亚，将之并入罗马版图
公元 122—132 年	罗马皇帝哈德良在纽卡斯尔—波尼斯之间修建长城
公元 410 年	罗马军队撤出不列颠尼亚
盎格鲁－撒克逊时代（公元 410—1066 年）	
公元 5—6 世纪	盎格鲁－撒克逊民族入侵不列颠尼亚
公元 597 年	奥古斯丁受罗马教皇之命传教
公元 6—7 世纪	七国争霸，霸主轮替
公元 642—670 年	奥斯威王带领诺森布里亚王国称霸
公元 757—796 年	奥法王带领麦西亚王国称霸
公元 8—9 世纪	丹麦（维京）人入侵
公元 886 年	阿尔弗雷德大帝和丹麦国王戛斯鲁姆签订条约，割让出丹麦法区
1015—1016 年	克努特进攻英格兰，登基称王
诺曼王朝（1066—1154 年）	
1066 年	黑斯廷斯战役（诺曼征服），威廉一世击败哈罗德，登基称王
1086 年	编纂《末日审判书》

（续表）

金雀花王朝（1154—1399 年）	
1154 年	亨利二世登基
1171—1172 年	亨利二世征服爱尔兰
1215 年	国王约翰承认《大宪章》
1258 年	西蒙·德蒙福尔等人起草《牛津条例》，要求改革
1276—1277 年	爱德华一世用“王之触摸”给人治病
1296—1328 年	第一次苏格兰独立战争
1337—1453 年	英法百年战争
1348—1350 年	黑死病瘟疫
1381 年	瓦特·泰勒农民起义
兰开斯特 / 约克王朝（1399—1485 年）	
1455—1485 年	玫瑰战争
都铎王朝（1485—1603 年）	
1487 年	设立星室法庭
1534 年	亨利八世颁布《至尊法案》，英国国教会成立
1558—1603 年	伊丽莎白一世时期，英国文艺复兴
1559 年	再次出台《至尊法案》和《划一法案》
1587 年	处死苏格兰女王玛丽
1588 年	弗朗西斯·德雷克勋爵大败西班牙无敌舰队
1592—1611 年前后	剧作家莎士比亚活跃
1600 年	东印度公司成立
1601 年	制定《济贫法》

（续表）

斯图亚特王朝（1603—1714 年）	
1628 年	递交《权利请愿书》
1640 年	召集短期议会和长期议会（—1653 年）；清教徒革命（—1660 年）
1649 年	处死查理一世，改国体为共和制
1651 年	颁布航海条例
1653 年	克伦威尔就任护国公
1660 年	查理二世复辟
1666 年	伦敦大火，烧毁了 80% 的建筑
1673 年	颁布《宗教考查法》
1688—1689 年	光荣革命，威廉三世和玛丽二世从荷兰来到英国登基，颁布《权利法案》
1689—1815 年	英法殖民地战争（第二次英法百年战争）
1707 年	英格兰合并苏格兰
汉诺威王朝（1714—1901 年）	
1720 年	南海泡沫事件
1721—1742 年	沃波尔成为英国历史上第一个首相，议院内阁制趋向成熟
1760—1820 年	乔治三世时期，“福利君主制”已现雏形
1733—19 世纪 30 年代	机械的发明、改进此起彼伏，工业革命如火如荼
1776 年	北美十三州独立
1800 年	制定《联合法案》，翌年“大不列颠及爱尔兰联合王国”成立

（续表）

1811 年	卢德运动爆发
1815 年	惠灵顿在滑铁卢之战大败拿破仑；制定《谷物法》（—1846 年）
1825 年	斯托克顿—达灵顿铁路开通
1829 年	颁布《天主教解放法案》
1832 年	第一次选举法修订
1833 年	制定《工厂法》
1837 年	维多利亚女王登基，大英帝国繁荣
1838 年	颁布《人民宪章》，自此之后 20 年间，宪章运动常盛
1851 年	伦敦世博会召开
1857 年	印度佣兵起义，翌年，印度改为直辖地
1867 年	第二次选举法修订
1871 年	《工会法》通过
1877 年	维多利亚女王被拥戴为“印度皇帝”
1899 年	第二次布尔战争（—1902 年）
萨克森－科堡－哥达王朝（1901—1917 年）	
1906 年	工党成立
1914 年	第一次世界大战爆发（—1918 年）
温莎王朝（1917 年至今）	
1922 年	爱尔兰自由邦（后来的爱尔兰共和国）成立
1931 年	制定《威斯敏斯特法案》，英联邦成立
1932 年	乔治五世成为首个做客圣诞广播的英王

（续表）

1939 年	第二次世界大战爆发（—1945 年），大英帝国渐趋瓦解
1942 年	《贝弗里奇报告》提出建设福利国家的构想
1947 年	印度、巴基斯坦独立
20 世纪 60 年代	非洲各国相继独立
1969 年	北爱尔兰暴动频仍（北爱尔兰战争）
1973 年	英国加入欧共体
1979 年	撒切尔夫人任保守党党首，并成为英国历史上第一位女首相（—1990 年）
1982 年	马尔维纳斯群岛争端
1993 年	《马斯特里赫特条约》(《欧洲联盟条约》）生效
1997 年	工党布莱尔内阁上台，香港主权回归中国，前王妃戴安娜在巴黎遭遇交通事故身亡
1999 年	北爱尔兰自治政府成立，威尔士、苏格兰设立地方议会
2005 年	《狩猎法》(《禁猎狐法》）生效
2011 年	威廉王子迎娶凯瑟琳·米德尔顿
2016 年	英国公投，决定退出欧盟